中國史上十位
著名皇帝

廖 忠 俊 編著

文史哲出版社印行

國家圖書館出版品預行編目資料

中國史上十位著名皇帝 / 廖忠俊編著.-- 初版. --
臺北市：文史哲出版社, 民 112.10
　頁；　公分.
ISBN 978-986-314-657-5（平裝）

1.CST：帝王　2.CST：傳記　3.CST：中國

782.27　　　　　　　　　　112017610

中國史上十位著名皇帝

編 著 者：廖　　　　忠　　　　俊
出 版 者：文　史　哲　出　版　社
　　　　　http://www.lapen.com.tw
　　　　　e-mail：lapen@ms74.hinet.net
登記證字號：行政院新聞局版臺業字五三三七號
發 行 人：彭　　　正　　　雄
發 行 所：文　史　哲　出　版　社
印 刷 者：文　史　哲　出　版　社
臺北市羅斯福路一段七十二巷四號
郵政劃撥帳號：一六一八○一七五
電話 886-2-23511028・傳真 886-2-23965656

定價新臺幣三二○元

二○二三年（112 年）十月初版

中國史上十位著名皇帝

目　次

緒 言

皇帝制度始於秦始皇，共有 2132 年（西元前 221 年開始，至西元 1911 年宣統溥儀結束）。

司馬遷《史記》卷六，〈秦始皇本紀〉：

> 今陛下平定天下，海內為郡縣，法令由一統，自上古以來未嘗有，五帝所不及。臣等謹議曰：古有天皇、有地皇、有泰皇，泰皇最貴。……天子自稱曰朕。王曰：去泰，著「皇」，采上古「帝」位，號曰：「皇帝」。……朕為始皇帝，後世以數計，二世三世至於萬世，傳之無窮。

南宋袁樞《通鑑紀事本末》卷一：

> 秦始皇帝二十六年，王初併天下，自以為德兼三皇，功過五帝，乃更號曰「皇帝」，自稱曰「朕」。制曰：朕為始皇帝，後世以計數，二世、三世至於萬世，傳之無窮。

傳統歷史著作的編撰，有採編年體、紀傳體及紀事本末體等。

　　唐代史官劉知幾《史通‧內篇》卷一〈六家〉，卷二〈二體〉：

> 自古編述諸史之作⋯⋯（左）丘明傳《春秋》，子長（司馬遷）著《史記》，載筆之體〔編年體與紀傳體〕，於斯備矣。

　　至南宋袁樞的《通鑑紀事本末》，則又有「紀事本末體」。

　　本書之編著，連結上述三體而綜合撰述，敬請專家學者指導教誨。

　　再者，本書之寫作，儘量減少艱深枯燥，避免讀者束之高閣。於是力求扼要簡明，文字流俐，深入淺出，期許能使一般大眾樂於閱讀，達到雅俗共賞的教育功效；尤其至盼青年大學生及高中生，因此愛上歷史課。筆者考量通俗與專業的平衡，尤其重視學術寫作規範，諸如博採正史與《清史稿》，《資治通鑑》、《通鑑紀事本末》、《宋史紀事本末》、《明史紀事本末》，及皇帝《實錄》原典，史學家劉知幾《史通》、近代歷史學家錢穆《國史大綱》等著作；且留意注釋與參考書目之來源引用。

　　吾人研讀歷史，宜觀古知今，鑑往知來。應學習張良的學道知足，勿重蹈韓信功高震主，「兔死狗烹」；以唐太宗的保全功臣，勿以明太祖的誅殺功臣為鑑；更要以康熙、乾隆推崇文臣編著《古今圖書集成》與《四

庫全書》之典範，為後代子民留下寶貴文化的資產。
由於個人才疏學淺，文有思慮不周，論述不密之處，
尚祈　博雅君子，不吝指正。

廖忠俊　謹誌於中秋
團圓佳節 2023.9.29

第一章　漢高祖劉邦

秦王政（後之秦始皇）十七年（西元前 230 年），派遣內史騰率將兵攻韓（張良故國），俘獲韓王，盡取其地，以其地為潁川郡（屬今河南新鄭、禹州），韓亡。

十九年（前 228），秦將王翦擊破趙，盡取趙地，俘獲趙王；趙公子嘉赴代地，自立為代王；秦王政東至趙都邯鄲（今河北南部，與河南交接）。至二十五年（前222），秦將王賁（王翦之子）擊代，虜代王嘉，趙亡。

二十二年（前 225），王賁攻魏，引河溝水灌浸都城大梁（今開封），魏王投降，盡取其地，魏亡。

二十三年至二十四年（前 224－223），王翦擊破楚（荊，避諱秦莊襄王名子楚，故稱楚為荊），虜楚（荊）王；楚將項燕自殺，楚亡。秦王政東至楚都城郢（今湖北荊州江陵）。

二十五年（前 222），王賁攻燕，俘獲燕王喜，燕亡。（先是二十一年，王翦破燕都城薊〔今北京〕，迫燕殺太子丹，因其使荊軻刺秦王，不中，秦殺荊軻）。

二十六年（前 221），王賁自燕南攻齊都城臨淄（今屬山東），俘齊王田建，齊亡。

　　要之，秦王政自十七年（前 230）至二十六年（前 221），僅十年之間，由西向東消滅割據稱雄的其他六國（韓、趙、魏、楚、燕、齊），「戰國時代」結束，秦統一中國[1]，秦「王」政乃於同一年（前 221），旋更號稱為始皇「帝」，開啟中國帝制時代；至 1911 年辛亥革命成功，創立「民」國，中國史上帝制凡 2132 年（前 221 年至 1911 年）。

　　劉邦原名季（家裡排行老三），既起義反秦，欲有邦國天下，改名邦。曾因勞役制度，在咸陽放情觀看秦皇帝，大歎：「大丈夫當如此也！」。

　　秦始皇三十七年（前 210），帝南巡會稽、浙江，項羽親見出巡莊嚴場面，曰：彼可取而代也。[2]

　　可見劉、項兩人皆立有遠大志向，想爭權位當皇帝。

　　秦皇帝北還至平原津（今山東西北德州平原縣，鄰界河北）而病；七月，崩逝於沙丘平臺（今河北西南巨鹿邢台市平鄉），得年五十歲（前 259－210）。

　　李斯、趙高矯詐遺詔，立少子胡亥為太子；回至咸

1　《史記・卷六》〈秦始皇本紀〉，頁 232-235；雷敦淵、楊士朋，《用年表讀通中國歷史》，頁 58-59。華世出版，《中國歷史大事年表》，頁 69-71。王曾才、陳捷先、葉達雄、林瑞翰，《中國通史》，頁 179。勞榦《秦漢史》，頁 5。陳文德，《劉邦大傳》，頁 835，〈劉邦年譜〉。傅幼沖，《漢高祖研究》，頁 253-254，〈漢高祖大事年表〉。
2　《史記》卷八〈高祖本紀〉，頁 344；卷七〈項羽本紀〉，頁 296。王壽南，《中國歷代創業帝王》，〈帝王政治上之人性〉。

陽，胡亥襲位為秦二世皇帝。

二世元年（前 209）七月，陳勝、吳廣在（今安徽）宿州蘄縣大澤揭竿起義，陳勝旋稱王，號「張楚」（張大楚國）；九月，劉邦起兵於沛（今江蘇最西北端，交界安徽、山東、河南），稱沛公；項梁（楚將項燕子）與侄項籍（項羽，前 232－前 202）亦起兵於吳（今江蘇蘇州吳縣）。

二世二年（前 208），陳勝被部下莊賈殺害；項梁乃立楚懷王之孫名心者，為楚王，仍稱號「楚懷王」。

同年，秦猛將章邯大破楚軍，項梁敗亡；章邯又北攻趙，楚懷王命宋義（上將軍）、次將項羽、末將范增往北救趙；而使劉邦向西伐秦；楚懷王與諸將約：「先入關者為王」。此年，二世腰斬李斯，夷三族。

二世三年（前 207），項羽殺宋義，自為「上將軍」，大敗秦兵於鉅鹿（今河北西南，接近趙都城邯鄲），秦將章邯投降項羽。八月，趙高殺秦二世皇帝，立子嬰為秦王；九月，秦王子嬰殺趙高，夷三族。

漢王劉邦元年（前 206）十月，入關，漢軍至霸上（在長安、咸陽之間，因其下有灞水流經，故稱霸上），秦王子嬰自縛出降，秦亡；漢正式出現於中國歷史舞台上。

「楚漢相爭」拉開序幕，同月，蕭何入秦丞相府，盡收圖籍文書（官府文件資料）；十二月，漢王與秦民「約法三章」，悉除秦代苛法。同時，項羽至新豐鴻門

（在霸橋、臨潼東北），與劉邦「鴻門宴」，得張良、樊噲機智勇謀周旋，沛公乃能脫險而出。項羽繼入咸陽，殺秦降王子嬰，焚宮室，火三月不滅，盡收貨寶婦女東還。

正月，項羽徙楚懷王義帝至江南；二月，項羽自立為「西楚霸王」，都彭城（今江蘇徐州）；分封諸侯為十八王，其中，劉邦被封為漢王，王巴、蜀、漢中，都南鄭；三分關中，立秦三降將：章邯雍王，司馬欣塞王，董翳翟王。八月，漢王劉邦與韓信「明修棧道暗渡陳倉（陝西寶雞）」，出擊章邯等三將王，取回關中，並向東略地。

漢王二年（前 205）十月，項羽使人殺義帝於江中；四月，劉邦為義帝討伐項羽，率眾將兵攻楚，但大敗於彭城，漢王父太公，妻呂雉被楚軍俘為人質；五月，劉邦退守滎陽（今河南洛陽、鄭州之間），得蕭何後勤支援兵、食，與楚相持。

漢王三年（前 204），楚圍劉邦於滎陽，劉邦逃退附近成皋（今河南杞水），項羽又陷成皋；陳平急中生智，使用反間計，讓范增以為項王猜疑，離去，未回至彭城，疽發背而逝。

漢王四年（前 203）十月，漢將韓信襲齊，攻陷都城臨淄，楚兵救齊，韓信又大破「齊楚聯軍」，盡取齊地；漢王遣張良封韓信為（真）齊王。劉邦也趁勢擊破楚軍，收復成皋，兵屯附近廣武，與楚相持對峙。同年

八月，漢「兵盛食多」，楚「兵疲食絕」，項羽乃與漢約議和，歸還太公、呂雉；雙方中分天下，以鴻溝（黃河南岸，今河南滎陽、杞水、中牟附近）為界，東為楚，西屬漢，即所謂之「楚河漢界」。

　　漢王五年（前 202）十月，劉邦聽從張良、陳平建言，切勿「養虎自貽患」，乃東向尾擊項羽；十二月，項羽楚軍被劉邦、韓信、彭越等堅強漢軍先重重包圍於垓下（今安徽靈壁，近江蘇交界），「四面楚歌」；繼而項王率壯士騎從潰圍向東南馳去，漢軍騎將灌嬰追至東城（安徽定遠，近江蘇交界）；項羽再往東南馳騎，自度不得脫險，終卒困於烏江（安徽和縣，已東界江蘇），對烏江亭長笑言：「我無面目見江東父兄」，乃自刎而死，得年僅滿三十一歲。至此，「楚漢相爭」結束；項羽楚敗，劉邦漢勝。

　　同年（五年）正月，劉邦徙齊王韓信為（故鄉）楚王，立彭越為梁王（建都今山東荷澤定陶）；二月，劉邦即皇帝位於定陶（今山東西南角，鄰界河南），是為漢高祖（高帝），成為中國史上第一位平民出身布衣皇帝。王后呂雉升稱皇后，王太子劉盈為皇太子。

　　旋都（河南）洛陽；五月，接受採用婁（後賜姓劉）敬及張良同意建言，西都關中（陝西長安）。

　　高祖六年（前 201）十二月，用陳平奇計，偽遊雲夢澤（漢初荊楚，即漢水長江之間大澤）巡狩之名，誘捕（擬意謀反）楚王韓信，降為淮陰侯；九月，叔孫通

制定朝廷禮儀。

　　高祖七年（前 200），長樂宮建成，行用禮儀，群臣朝拜，高祖欣歎曰：「吾今乃知皇帝之威嚴與尊貴！」。

　　同年，帝率將兵北擊攻匈奴至平城（今山西大同），被冒頓單于包圍七日，用陳平奇計，賄賂曉悟單于妻后，脫險而還。

　　九年（前 198）六月，升丞相蕭何為相國。

　　十年（前 197），代（今山西）相陳豨反，自立為代王，兼守（河北）邯鄲，帝自率將兵擊之。

　　十一年（前 196），陳豨敗，帝平定代地，立皇子劉恆為代王（後之西漢文帝），都晉陽太原。正月，呂后合計蕭何，誘誅謀反殺害呂后與太子的淮陰侯韓信，夷三族；三月，殺謀反之梁王彭越，夷三族；七月，英布反漢，高祖率將兵擊之。

　　十二年（前 195）十月，英布敗亡；陳豨伏誅。

　　同年三月，高祖遺言呂后，認為蕭何、曹參、王陵、陳平、周勃等可以輔政。四月，漢高祖崩逝；五月，葬長安「長陵」；旋由皇太子劉盈（呂后子）嗣位，是為漢惠帝，以明年為惠帝元年（前 194），母呂后專政把權。

　　惠帝二年（前 193），相國蕭何薨逝，以曹參為相國，「蕭規曹隨」；五年（前 190），曹參薨；六年（前 189），以陳平為左丞相，王陵為右丞相；此歲，張良薨；至漢文帝劉恆元年（前 179），用陳平、周勃為丞相；

二年（前 178），陳平薨。[3]

　　劉邦（漢王、漢高祖）一生重大行誼，值得後人記述歌頌者，至少有「鴻門宴」、「楚漢相爭」、「得三傑而取天下」等大事件典故。

第一節　鴻門宴

　　劉邦漢元年（前 206）十月，率將兵十萬至（秦都咸陽與長安附近）霸上，秦王子嬰投降，秦亡。蕭何封秦府庫，只收秦丞相府圖籍文書；十一月，與秦人「約法三章」，悉除秦苛法。

　　十二月，項羽得知劉邦已入關，急率諸侯將兵四十萬抵新豐鴻門（與霸上僅相距四十里）；劉邦力（十萬）不敵項羽（四十萬），其左司馬（官名）曹無傷使人對項羽說：「沛公（欲）先王關中」，羽大怒；謀臣范增（亞父）進言項羽說：「沛公今已先入關，財物珍寶無所取，無擄略婦女，其心志不小，望其氣，為龍采，天子氣也；急擊勿失！」

　　項羽叔父項伯，曾因殺人走投無路，被張良救助資

3　《史記》卷七〈項羽本紀〉，卷八〈高祖本紀〉；《漢書》卷一〈高帝紀〉，卷三十一〈項籍傳〉。雷敦淵、楊士朋，《用年表讀通中國歷史》，頁 64-71。陳文德，《劉邦大傳》，頁 836-839。傅幼沖，《漢高祖研究》，頁 255-263。

濟，庇護存活，感念良。項伯欲報恩情，乃夜馳沛公軍營，告之張良快速離去；良曰：「我追從沛公，今既有生死關頭危急要事，必報告沛公」。

張良進言：「請速見項伯，轉告項羽，說沛公不敢違背項王也」。

張良帶項伯入見，沛公備酒食，曰：「我（先）入關，但秋毫無所犯，封府庫，且留待將軍（項羽），豈敢背德違叛！」項伯乃言沛公：「且日前向項羽抱歉致意，我一回去即報請羽善待之」。

沛公第二天早上即帶領謀士張良、勇士樊噲等從騎護衛來到項王軍屯所在鴻門，歉意表示：「臣與將軍（項羽）奉楚懷王命，各戮力攻秦，不自意能先入關破秦；今卻有小人（曹無傷）離間，造成您我有怨情心結」；項羽於是留沛公話飲，項伯、張良、范增（亞父）侍陪入坐（座）。

會飲剛開始，范增就三兩次目視暗示項王（急擊勿失！），項王默然不應；范增心急站起，走出並召來預伏刺客項莊，請舞劍為樂，相機擊殺沛公；於是，「項莊舞劍，意在沛公」。

項伯見之，悟，也隨即拔劍起舞，且以其身翼護沛公，項莊遂不得擊殺。

張良見眼前極緊張危險，乃起身召來在外等候備急壯士樊噲，噲即下〔立秒〕帶劍擁盾衝入，怒視項王，王賜壯士飲酒食肉，劍殺氣氛稍為緩解。樊噲乃曰：「楚

懷王與諸將約，先入咸陽破秦者為王；今沛公已先入，毫毛未敢侵近；旋還軍霸上，以待大王您來，勞苦功高，卻因聽到謠言閒語，而欲誅殺有功者！」

項王於是請樊噲從張良坐；一會，沛公急中生智，趁機藉口如廁，因招樊噲與張良出；沛公說：「緊急出來，未告辭主人（項羽），怎麼辦？」樊噲立言：「如今人為刀俎，我為魚肉，何用辭！」

沛公乃令張良留謝，代獻項王白璧，（亞父）范增玉斗。

沛公旋與勇士樊噲、夏侯嬰等持劍盾遁去，交待張良說：「且衡量時間，等我回到霸上軍營，你再代我入謝」。沛公因賴張良之忠誠與樊噲之機勇，乃得免劍殺身亡。

張良後入謝說：「沛公不勝酒力，不能辭，謹奉白璧拜獻大王，玉斗拜奉大將軍亞父」；項王受璧，置於坐上；亞父受玉斗，置於地，旋拔劍撞破，嘆恨說：「奪走項王天下者，必沛公也。」

沛公回到霸上軍營，立即誅殺內奸曹無傷。

此即著名的「鴻門宴」史實故事。[4]

---

4 《史記》卷七〈項羽本紀〉，頁 311-314；張玉法總校訂，《中國歷史名君評傳》〈漢高祖劉邦〉，頁 36-38；陳文德，《劉邦大傳》，頁 341-357，第二章〈鴻門劍宴〉。

第二節 「楚漢相爭」楚（項）敗漢（劉）勝原因

漢元年（前206），秦王子嬰投降沛公劉邦，秦亡；沛公還軍霸上；項羽破函谷關，至鴻門，與劉邦「鴻門宴」；項羽隨即入咸陽，殺已降秦王子嬰，焚宮室，自立為西楚霸王，都彭城（今山東徐州），分封十八諸侯王，關中地區分封秦三降將：章邯、司馬欣、董翳，而封劉邦為漢王，王巴、蜀、漢中，都南鄭，且只給兵三萬（由原有十萬，減為三萬）。

同年，漢王劉邦即「暗度陳倉」，略定三秦（王），又還至關中；此後至漢王五年（前202）項羽被圍垓下，自刎於烏江而亡，此即前後約五年的「楚漢相爭」；結局是楚（項）敗，漢（劉）勝，其原因概述如下：[5]

一、雙方出身

項羽出身楚國將門（《史記》〈項羽本紀〉：「項氏世世為楚將」，封於項〔河南項城〕之舊貴族封建割據勢力，不能成大事；而劉邦代表的是新興平民起義集團，除張良是韓相後裔（《史記》〈留侯世家〉：張良

---

5 周溯源，《楚漢相爭誰為雄：劉邦與項羽》，頁110-124，〈楚項敗‧漢劉勝〉。芮和蒸，〈漢高祖完成帝業的分析研究〉，《政大學報》第十期（五十三年十二月），頁221-225，〈漢劉勝楚項敗〉原因。

大父〔祖父〕、父，為相），其餘蕭何、曹參、樊噲、陳平、韓信、灌嬰、婁敬、周勃等，皆出身卑微平民[6]，較知悉社會下層農民疾苦，能體驗反映人民願望期盼。

二、軍　紀

項羽軍紀敗壞，「楚軍夜擊阬秦卒二十餘萬人新安城（今河南澠池縣）」，「項羽引兵西屠咸陽，殺秦降王子嬰，燒秦宮室，火三月不滅；收其貨寶婦女而東」（《史記》〈項羽本紀〉）。相反地，沛公劉邦軍中紀律嚴整，入咸陽封秦府庫，與民「約法三章」，盡除嚴刑苛法，關中百姓「唯恐沛公不為王」（《漢書》〈高帝紀〉）。

三、戰線兵員糧食

項羽「自矜攻伐，奮其私，謂霸王之業，欲以力征經營天下」（《史記》〈項羽本紀〉），到處東討西伐，北征南向，馬不停蹄，四方疲於奔命，顧此失彼；戰線太長過遠，滋生糧秣軍需資給供應困頓難題；來回奔波，消耗戰力，乃由強轉弱。相照對比，謀臣蕭何之後備兵員、糧食源源不絕，加上韓信、彭越猛將之雄厚軍力，至戰爭末期，「漢兵盛食多，項王兵疲食絕，乃與漢約，中分天下，割鴻溝以西者為漢，而東者為楚；項王已約，

---

6 錢穆，《國史大綱》，頁 128，〈平民政權（政府）之產生〉。

乃引兵解而東歸。」(《史記》〈項羽本紀〉);未久,項王被劉漢聯軍圍垓下數重,四面楚歌;繼潰圍至東城;終卒困於烏江(渡),無面目見江東父兄,遂自刎而亡。

四、任人納言

項羽剛愎自用,專斷獨行,不信任奇士,「用人唯親,其所任愛,非諸項,即妻之昆弟,雖有奇士〔如陳平、韓信、范增〕不能用;臣〔陳平〕居楚,聞漢王能用人,故歸大王」(《史記》〈陳丞相世家〉)。相對比較,沛公劉邦雄才大略,從諫如流,任人唯才,能納雅言,所以陳平、韓信等謀士戰將投靠來歸。(蕭)何聞(韓)信逃去,自追之……回上(漢王)曰:「諸將易得,至如信者,國士無雙,王必欲爭天下,非信無所與計事者;王必欲拜之,擇良日,齋戒,設壇場,具禮,乃可。王許之,拜(韓信)大將。」(《史記》〈淮陰侯列傳〉)。

五、將帥之間

楚霸王項羽雖驍勇善戰,但大權獨攬在握,不能讓楚將發揮所長(如韓信遠去歸漢王),造成「帥強將弱」之局面,由強轉弱;然而劉邦麾下則有智勇雙全的謀士戰將如雲,戰爭末期越戰越勇,在漢王領導下,將帥謀臣合作團結一致而由弱轉強,終於消滅楚項軍隊,略定楚地。

漢王即升帝位，置酒洛陽南宮；高祖曰：「列侯諸將無隱朕，言其情，吾所以得有天下者何？項氏之所以失天下者何？」王陵（列）侯、高起將軍曰：「陛下使人（將）攻城略地，所降下者因以予之，與天下同利也；項羽妒賢嫉能，有功者害之，賢者疑之，戰勝而不予人功，得地而不予人利，此所以失天下也」（《史記》〈高祖本紀〉）。

六、鬥力與鬥智

楚漢久相持未決，丁壯苦，老弱罷（疲），項王謂漢王曰：「天下匈匈〔洶洶〕數歲者，徒以吾兩人耳，願與漢王挑戰決；漢王笑謝曰：吾寧鬥智，不鬥力」（《史記》〈項羽本紀〉）。

太史公曰：「羽自矜攻伐，謂霸王之業，欲以力征經營天下，五年卒亡其國，身死」（《史記》〈項羽本紀〉）。

漢王二年（前 205），漢王、項王相持對峙滎陽、廣武，「漢王數（責問）羽十罪，羽大怒，伏弩射中漢王，傷胸；漢王〔急智〕捫（摸）足曰：虜〔敵〕中吾指！漢王病創臥，張良強請漢王起行勞軍，以安〔撫〕士卒，毋令楚乘勝〔追殺〕」（《漢書》〈高帝紀〉）。

漢王四年（前 203），韓信破楚軍於臨淄，略定齊地，「欲自立為齊王，漢王怒；張良獻策說漢王，漢王

〔智悟〕使良授齊王信印。」(《史記》〈留侯世家〉、
〈淮陰侯列傳〉)。

七、項羽殘暴屠殺沛公寬仁愛民

秦二世元年（前 209），陳勝、吳廣揭竿起義；項
梁、項羽在吳（江蘇蘇州）起義，劉邦亦起兵於沛，稱
「沛公」。二年（前 208），楚懷王與諸將曰：先入關
中者王之，立宋義為上將軍、項羽為次將，范增為末將，
北上伐秦救趙；遣劉邦西向伐秦；「項羽為人僄悍滑賊，
所過無不殘滅，不可遣；獨沛公素寬大長者，可遣」(《史
記》〈高祖本紀〉)。項羽旋殺宋義，自為上將軍，領
兵渡河北伐，在（河北）鉅鹿力破秦將章邯軍隊；「到
新安〔今河南西部〕，楚軍夜擊阬秦卒二十餘萬人」，
「項羽引兵西屠咸陽，殺秦降王子嬰，燒秦宮室，火三
月不滅；收其貨寶婦女而東」(《史記》〈項羽本紀〉)。
反之，先入關滅秦的沛公劉邦，為取得民心而曰：「父
老苦秦苛法久矣，吾與父老約，法三章耳，余悉除去秦
〔苛〕法；吾所以來，為父老除害，非有所侵暴，無恐！」
「項羽西屠咸陽燒秦宮室，所過無不殘滅，秦人大失望」。
(《史記》〈高祖本紀〉)。「項羽聞沛公已先破咸陽，
大怒，使擊函谷關而入，當是時，項羽兵四十萬在新豐
鴻門，沛公兵十萬在霸上；范增說項羽曰：沛公今入關，
財物無所取，婦女無所幸，此其志不在小；吾令人望其
氣，為龍采，此天子氣也」(《史記》〈項羽本紀〉)。

八、蕭何供給兵員軍糧不絕

　　蕭何從秦二世元年（前 209），追從劉邦起義。而漢王與楚霸王「楚漢相爭」開始（前 206），終於漢王五年（前 202）擊敗楚軍，項羽自刎亡。此期間，蕭何一直供應兵員與糧食，源源不絕，功第一。

　　「沛公為漢王，以何為丞相；漢王引兵東定三秦，何以丞相留收巴蜀，填撫諭告，使給軍食；關中事計戶口轉漕〔水運〕給軍，漢王數失軍遁去，何常興關中卒，輒〔立即就〕補缺……上與楚相距五歲，常失軍亡眾，逃身遁者數矣；然蕭何常從關中遣軍補其處；漢與楚相守〔對峙〕滎陽數年，軍無見糧，蕭何轉漕關中，給食不乏；高祖乃令蕭何〔第一功〕，賜帶劍履上殿，入朝不趨。」（《史記》〈蕭相國世家〉）。蕭何乃形同就列「一人之下，萬人之上」的尊貴地位。同時，「漢五年正月，諸侯及將相相與共請尊漢王為皇帝，漢王三讓，乃即皇帝位。天下大定，高祖置酒洛陽南宮……曰：「鎮國家，撫百姓，給餽饟〔食物軍糧〕，不絕糧道，吾不如蕭何」（《史記》〈高祖本紀〉）。

九、張良謀略陳平奇計

　　秦二世元年（前209），劉邦起兵於沛（江蘇沛縣），張良於江蘇邳州留縣（下邳附近）巧遇沛公，乃追從附屬；常解說《太公（姜子牙太公）兵法》給劉邦，沛公

多用其謀策，張良說：「沛公近乎天授英才」。秦王子
嬰元年（前 206），沛公入秦宮，見宮室寶物婦女，欲
留居，良曰：因秦無道，沛公始能至此，現今如即安享
其樂，乃「助桀為虐」，忠言逆耳，沛公聽，才還軍霸
上。項羽至鴻門，張良與項伯計策，破解項莊舞劍意殺
沛公。同年（漢王元年），沛公為漢王，分封漢中（南
鄭）、巴蜀；張良獻策「燒絕入巴蜀棧道，以安固項羽，
沛公無東還心意」；旋即兵不厭詐，漢軍「暗度陳倉（咸
陽西邊寶雞）」略定三秦降將，還回關中。漢王四年（前
203），漢猛將韓信破齊、楚軍，欲自立為（假，代理）
齊王，漢王怒，張良獻言，漢王頓悟乃使張良前授韓信
為（真）齊王。同年（四年），楚漢和議，以鴻溝為界，
漢王欲西歸，張良策言：「勿養虎遺患」，遂尾隨東擊；
先戰不利，諸侯將不來援助；張良又策謀獻計漢王，答
應獎給韓信齊王、彭越梁王土地，韓信、彭越等諸侯猛
將，後乃前來聯合助戰，共同破楚。

　　陳平原先附屬項羽，因「項王不能信人，其所任愛，
非諸項即妻之昆弟，雖有奇〔計之〕士不能用，平乃〔離〕
去楚。聞漢王之能用人，故歸大王；臣裸身來，不受金
無以為資，誠臣計劃有可採者，願大王用之。」

　　史傳陳平是智多奇謀，為漢「六出奇計」：1.謀用
反間計使范增離去項羽，途中病亡；2.鴻溝為漢楚界和
約，旋計策漢王，兵不厭詐，尾隨東擊楚霸王項羽；3.
（與張良）謀勸漢王立韓信為齊王；後獻計聯合齊王韓

信南下滅楚；4.謀策漢王偽遊雲夢澤，計擒韓信，降為淮陰侯；5.高帝北伐匈奴，被圍於平城白登山〔山西太原〕七日，用陳平計謀賄略單于妻閼氏，而解圍；6.呂雉高后封諸呂為王；及呂后卒，陳平（與周勃等）計殺諸呂；迎立（山西）代王，漢高祖（高帝）之子劉恆為帝，是為漢文帝。

太史公司馬遷讚頌陳平常出奇計，救難振國，以榮名終，稱賢相，非知謀，孰能當此者乎？（《史記》〈陳丞相世家〉）。

要之，漢王劉邦多得張良謀略與陳平奇計，而使致楚霸王項羽敗亡，漢王劉邦贏得「楚漢之爭」勝利，登基即位為漢高祖，漢興。

十、漢王聯合韓信等軍力共滅楚王

「漢王五年，與韓信等諸侯兵共擊楚軍，與項羽軍決勝垓下，楚軍兵少食盡，漢軍及諸侯兵圍之數重。淮陰侯將三十萬自當之，孔、黃將軍居左、右，漢王在〔中〕後，絳侯〔周勃〕、柴將軍在漢王後。項羽之卒只十萬；大敗垓下〔安徽靈璧〕，夜間漢軍四面皆楚歌，以為漢已盡得楚地；項王乃率騎從八百餘人，直夜潰圍〔東〕南馳走；平明，漢軍乃覺，令騎將灌嬰以五千騎追之；項王渡淮，騎能屬者百餘人耳；至東城〔安徽定遠〕，乃剩二十八騎；漢騎追者數千人；項王自度不得脫，曰：「吾起兵至今八歲〔年〕，霸有天下，然今卒困於此，

此天亡我也，非戰之罪也」。漢軍復圍數重，項王乃欲東渡烏江〔安徽和縣，與江蘇交界〕，曰：我〔前〕與江東子弟八千人渡江而西，今無一人還，我何面目見江東父兄！乃自刎而死」。

　　太史公司馬遷曰：「項羽背關〔背約沛公應王於關中〕懷楚〔懷思東歸楚都彭城〕，放逐義帝而自立，自矜功伐，謂霸王之業，欲以力征經營天下，五年卒亡其國，身死尚不覺寤而不自責，過矣；乃引天亡我，非用兵之罪也，豈不謬哉！」（《史記》〈項羽本紀〉）。

　　班固贊曰：「漢高帝本系，出自陶唐堯帝；降及于周〔戰國〕，在秦作劉，而遂為豐公（高帝之父，太上皇）；由是推之，漢承堯運，德祚已盛，自然之應，得天統矣。」（《漢書》〈高帝紀〉）。

第三節　漢初三傑：蕭何、張良、韓信

　　漢王五年（前 202），劉邦聯韓信等諸侯兵合擊楚軍，圍項羽於垓下，「四面楚歌」；羽敗往東南潰走，漢軍騎將灌嬰率兵追擊項羽於東城；項羽自度不能脫免，乃自刎於烏江（渡）；漢王略定楚地。

　　正月，諸侯及將相共請尊漢王為皇帝，漢王三度謙讓，終不得已登基即帝位於定陶（山東西南角，與江蘇西北角沛縣及河南東北邊交界）；天下大定，高祖初都

洛陽。

　　高帝置酒食於洛陽南宮，宴請列侯文臣武將慶賀，並請其言漢王（高祖）之所以得有天下者何？楚項之所以失去天下者何？

　　高祖聽後乃曰：「夫運籌策帷帳之中，決勝於千里之外，吾不如子房〔張良〕；鎮國家，撫百姓，給餽饢，不絕糧道，吾不如蕭何；連百萬之軍，戰必勝，攻必取，吾不如韓信；此三者，皆人傑也，吾能用之，此吾所以取天下也；項羽有一范增而不能用，此其所以為我擒也。」（《史記》〈高祖本紀〉）。

　　由此可知，漢初三傑在漢王、高祖心目中之重要地位，即其影響左右劉勝漢興項敗楚亡的關鍵所在。

一、蕭　何

　　蕭何，（江蘇）沛豐人，因任文吏理律不枉害人民，擔任沛縣輔佐官吏。

　　劉邦當平民時，蕭何常以文吏庇護他；擔任亭長時，蕭何常隨身邊；亭長因公事出差咸陽時，他人資送旅費三（百），唯獨蕭何致送五（百）。

　　劉邦起義稱沛公，蕭何任督丞管事。沛公至咸陽，諸將都爭向分取金帛財物，只有蕭何進取秦都丞相御史律令圖書收藏。沛公被（西楚霸王項羽）封為漢王，任蕭何為丞相；項王與諸侯屠燒咸陽離去。漢王之所以知天下阨塞、家戶人口、強弱之處，人民所疾苦的，皆因

蕭何所得秦圖書文件資料也。蕭何連夜「月下追韓信」，全力推薦給漢王，擔任大將軍。

漢王「暗度陳倉」，引兵向東略定三秦，蕭何以丞相職位，坐鎮四川巴（重慶）、蜀（成都），安撫諭告軍民，供給軍食。關中諸事，如計算家戶、人口，水運供糧漢軍；漢王幾次走失軍兵離去，蕭何就即刻供給兵卒補缺。

漢王五年（前 202），追殺項羽自刎，楚敗亡，略定天下。高帝以蕭侯功最盛，封侯。文臣武將羣爭功，高帝以羣臣比喻為打獵時，徒得兔獸之「功狗」；然而，蕭何卻是發蹤指示獸處之「功人」，功大不可忘也。

列侯都已受封，至奏排位次，羣臣以曹參攻城略地，功最多，宜第一。然而，在座的關內侯鄂千秋卻認為，楚漢相爭五年，蕭何常從關中遣軍（兵卒），水運軍糧，兵食不乏，此萬世之功也。

高祖乃曰：「善」！因此諭令蕭何第一，特賜得帶劍履上殿，入朝不趨。

高祖曰：「鎮國家，撫百姓，給餽饟，不絕糧食，吾不如蕭何」。

漢十一年（前 196），淮陰侯韓信趁高祖討伐反叛的陳豨時，策謀在關中襲害呂后及太子；呂后乃聯合採用蕭何計謀，詐言皇上已敗亡陳豨，列侯羣臣皆欲來賀，請淮陰侯也勉強入賀；及韓信來，呂后令人趁機縛綁韓信，斬於長樂宮，夷三族。

蕭何儉約，安置田宅必住窮辟處，住家不治官牆；常說：「後世賢，師吾儉；不賢，毋為勢家所奪」。

太史公贊頌曰：「蕭相國何於秦時為刀筆吏，未有奇節；及漢興，依日月之末光，謹守管籥，順流與民更始。何之勳爛焉，位冠羣臣，聲施後世。」（《史記》〈蕭相國世家〉）。

二、張　良

留侯張良，祖父與父，五任戰國時代韓國丞相。良年少，秦王政十七年（前 230），滅韓。良悉以家財求客刺秦王，反秦為韓報仇。

居下邳（沛縣東南方，彭城徐州東，今江蘇宿遷、睢寧西北），為人任俠；（項羽叔父）項伯常殺人，賴張良隱匿而存活。

秦二世元年（前 209），陳涉（勝）、吳廣揭竿起義；良亦聚集少年百餘人；良於留地（沛縣、彭城、下邳之間）道途遇見沛公，遂從屬之，沛公派張良為廄將（官名，掌管馬舍）。良常以《（姜）太公兵法》解說給沛公，沛公善待喜用張良謀策；張良讚言：「沛公近乎天授英才」。

秦王子嬰元年（前 206），沛公入關咸陽，子嬰投降。沛公入秦宮，宮室重寶婦女以千數，意欲留居享樂；張良諫言：「秦因無道，故沛公得至此，今即安其樂，乃助桀為虐」，忠言逆耳利於行，沛公乃還軍霸上。

項羽後入關，至鴻門，欲以力擊殺沛公；賴項伯回報救恩，張良謀策獻計，與項伯化解「鴻門宴」上，范增、項莊之舞劍意在擊殺沛公而不成。

漢王元年，封王巴、蜀、漢中，都南鄭；張良策計燒絕所過棧道，示天下無東還之心，以堅固項王無西憂之意。

漢王四年，漢猛將韓信擊破齊國而欲自立為齊王，漢王怒；張良計謀不如順水推舟，漢王頓時「智」悟，派遣張良授韓信齊王官印。

同年，劉漢兵盛食多，楚項兵罷（疲）食絕；項王乃與漢約，中分天下，割鴻溝（河南滎陽、中牟地帶）以西者為漢，而東者為楚；項王已約，乃引兵解而東歸。

漢王欲西歸，張良又獻上計謀，不要「養虎自遺患」，兵不厭詐，宜趁此難逢機運，尾隨東擊楚項，漢王聽從。

漢王追擊項王之初，擬與齊王韓信及彭越會合而擊楚項，而信、越之兵不來與會。張良乃又獻計：漢王應分地與信、越，共利天下，其軍可立至也。漢王曰：善，於是發使至韓信、彭越，請并力擊楚；信、越回報：今即發兵南會垓下。

漢軍及諸侯兵圍項王軍數重，夜聞「四面楚歌」，項王乃直夜潰圍向東南馳逃，漢軍騎將灌嬰追至東城，項王自度不得脫，乃欲烏江東渡，自愧「我何面目見江東父兄」，遂自刎而亡；楚項敗，漢劉勝。

漢王登基即位，升為皇帝，慶功宴，封功臣；高帝

曰：「運籌策帷帳中，決勝千里外，子房〔張良〕功也。」；良曰：「始臣起下邳，與上會留，此天以臣授天下；陛下用臣計，幸而時中，臣願封留足矣。」乃封張良為「留侯」。

皇上已封大功臣，其餘未得行封（次）功臣日夜爭功不決，往往相與坐語；留侯進言皇上，宜防未封軍吏相聚謀反；上曰：「為之奈何？」留侯曰：先封皇上向來所憎怨的雍齒；皇上聽從置酒，封雍齒為侯，且急定功行封。羣臣皆喜曰：「雍齒（乃上平生所憎）尚為侯，我等無患矣」。

婁（劉）敬建言高帝宜由洛陽轉建都關中；上遲疑，留侯乃加以進言同意，旋西都關中（長安）。

太史公曰：「高祖離困者數矣，而留侯常有功力焉」；皇上曰：「夫運籌帷帳之中，決勝千里之外，吾不如子房。」（《史記》〈留侯世家〉）。

三、韓　信

韓信淮陰侯，〔江蘇〕淮陰人；從小喪父，家窮流浪；曾在淮水溪畔碰到一位洗衣服的老太太，施捨救濟他。韓信立志要有作為，研讀兵法，喜練劍術。

秦二世元年（前 209）七月，陳勝、吳廣領導農民揭竿起義；九月，項梁、項羽叔侄也響應起事，舉兵反秦。

貧苦無依的韓信，帶劍投奔項梁及項羽；因得不到

項羽重用，自認才幹無從發揮，乃思另謀發展。

　　秦王子嬰元年（前 206），沛公劉邦入關進咸陽，子嬰投降，秦亡。

　　同年，項羽隨後入咸陽，殘殺降王子嬰，焚燒宮室，擄掠財寶婦女。隨即，自立為西楚霸王，都彭城；分封十八諸侯王，其中，劉邦封為漢王，封地巴、蜀、漢中，都於南鄭。

　　久不得重用的韓信，趁機離開項羽，投奔劉邦麾下，追隨漢王到都城南鄭。

　　後來，雖得到漢王謀士蕭何的舉薦，但一時也沒受漢王重用，不得志，乃又自漢營逃離。

　　蕭何聽說韓信馳去，乃連夜「月下追韓信」；回營，再大力保舉推薦，以為「諸將易得，而國士無雙」，遂被漢王「擇良日，齋戒，設壇場，具禮」而拜為大將軍。

　　漢王隨即請教韓信高見，對於項王與其本人（漢王）的優劣觀點。

　　韓信說出項王弱點：（一）匹夫之勇，而不善於重用良將；（二）吝於對有功部將，封給土地爵位；（三）違背楚懷王「先入關者王之」約誓，自封為「西楚霸王」，且分封十八諸侯王；（四）項羽為人殘暴，坑殺兵卒二十萬於新安；入咸陽，殺降王子嬰，焚燒宮室，火三月不息，擄掠重寶婦女等。人民心不服氣難平，得不到關中百姓的悅服支持。

　　進一步，韓信對漢王說：漢軍紀律嚴整，沒有侵擾百姓；除秦苛法，您與民「約法三章」，得到關中百姓的誠心擁戴，「唯恐沛公不為王」。

　　接下，韓信建言漢王，宜出兵東擊楚霸王，與項羽一爭天下。劉邦此時乃對韓信將才策略，大為佩服，有惺惺相惜，相見恨晚之意。

　　隨即，漢王領軍「暗渡陳倉」，出其不意地出兵，略定三秦降將。

　　漢王二年（前 205），項王殺義帝，漢王為帝討伐項羽，攻入彭城，但被馳援而來之楚項擊敗，漢王退守（河南）滎陽，楚、漢兩軍相持對峙於此。

　　漢王四年（前 203），漢軍猛將韓信率兵進擊齊國都城（山東）臨淄；欲當假（權宜代理）齊王，此時漢王正與楚霸王苦戰於滎陽，大怒；但經謀士張良、陳平奇計，順水推舟，派張良前往齊地，代表漢王授印給韓信，當上真齊王；也順請他（齊王）遣兵合擊楚霸王項羽。

　　齊王韓信此時雄據一方，舉足輕重；漢王五年（前 202），劉邦依從張良謀策，答應給予韓信、彭越封地爵位；他們與各路諸侯，都率將領兵與漢王劉邦軍隊會合，圍困共擊項王於垓下，再追至東城，項王潰戰兵敗，於烏江（渡）自刎，楚漢相爭結束，楚敗漢勝。

　　隨後，漢王以突擊方式，明升暗降（奪）解除齊王

韓信軍權，旋因韓信出身楚地，給封他為楚王，都下邳（江蘇淮陰西北邊）。

高祖（高帝）六年（前 201），有人上書告發楚王韓信謀反，高帝依從陳平奇計，偽遊「雲夢大澤」（今湖北江陵一帶水域），誘捕捆綁韓信，韓信大嘆，果如人言：「狡兔死，良狗烹；高鳥盡，良弓藏；敵國破，謀臣亡」。

返回洛陽，高帝因「有人告發」卻找不到楚王韓信謀反證據，釋放他，降為淮陰侯。

漢高帝十年（前 197），（河北）趙地相國，將兵把守鉅鹿的陳豨起兵謀反，自立為代王；漢王劉邦自率將兵討伐，韓信藉病推辭，不去；漢王率軍離開首都後，有人密報韓信圖謀襲殺呂后和太子（劉盈，後之惠帝）。

呂氏找來蕭何商量應付，蕭何偽稱漢王行營使人來報，已擊殺陳豨，邀羣臣進宮慶賀；韓信不知是圈套，一入宮就被呂后命令武士捆綁，斬於長樂宮，夷三族。

據傳，韓信祠廟有一副對聯：「生死一知己　存亡兩婦人」；「一知己」指蕭何（力薦給漢王當上大將軍），「兩婦人」指漂母（救濟他的洗衣服老太太）和呂后。

太史公曰：「假令韓信學道謙讓，不伐己功，不矜其能，則庶幾哉，於漢家勳可以比周、召、太公之徒，後世血食矣；不務出此，而天下已集，乃謀畔逆，夷滅宗族，不亦宜乎！」（《史記》〈淮陰侯列傳〉）。

　　總之，誠如漢高祖所言：「此三者（蕭何、張良、韓信），皆人傑也，吾能用之，此吾所以取天下也」。[7]

---

[7]　參閱張玉法總校訂，《中國歷史名臣（蕭何、張良）名將（韓信）評傳》；張其昀，《中華五千年史‧西漢史》〈漢高祖建國三傑〉；傅幼冲，《漢高祖研究》，頁 145-148。

第二章　漢武帝劉徹

漢武帝劉徹（前 156－前 87），為漢高祖劉邦的曾孫。

漢王十二年，高祖（高帝）七年（前 195），劉邦崩逝；皇太子劉盈嗣位，是為漢惠帝，在位七年（前 188）崩逝。呂后臨朝稱制，專政攬權，封呂氏外戚為王侯；高后八年（前 180），呂雉逝世；丞相陳平、太尉周勃等誅殺諸呂，迎立（高帝子）代王劉恒為帝，是為漢文帝；文帝在位二十三年，於文帝後元七年（前 157）崩逝；以皇太子劉啟嗣位，是為漢景帝，以明年為景帝（前元）元年；此年，皇子劉徹生，即後之漢武帝。

景帝三年（前 154）正月，吳王劉濞、楚王劉戊與膠東、膠西、菑川、濟南、趙等七王國，甚且南結閩、東越及北連匈奴，共同舉兵反叛，史稱「七國之亂」。

景帝派遣太尉周亞夫率將竇嬰等出兵大破吳楚等七國亂事；吳王敗亡，楚王自殺，其餘各王亦都敗亡，三月，「七國之亂」平定。四年（前 153），封皇子劉徹為膠東王，年四歲。

景帝（前元）七年（前 150），以膠東王劉徹為皇

太子，徹此年七歲。

　　景帝於（後元）三年（前 141）崩逝，在位十六年；由皇太子劉徹嗣位，成為漢武帝，此年十六歲，以明年為建元元年。

　　文帝在位二十三年與景帝在位十六年，近四十年間，尚儉約，不擾民，輕徭賦，除肉刑，減刑法，利百姓；又與民生養休息，糧食足，百姓家給人足，衣食溫飽，安居樂業，國家殷富安定，史上譽稱「文景之治」。

　　以下簡要概述漢武帝生平大事記：[1]

　　建元元年（前 140）十月，武帝親策「賢良方正直言極諫」之士，董仲舒前後三次對策，請黜刑名，尊儒術，興太學等。

　　建元三年（前 138），張騫第一次出使西域，欲聯大月氏。

　　元光五年（前 130），使唐蒙通夜郎（今貴州），置犍為郡（今四川宜賓，近貴州）；又使司馬相如通邛、筰（屬今四川），置蜀郡縣。同五年，衛青第一次出擊匈奴。（《史記》〈衛將軍驃騎列傳〉）

　　六年，衛青第二次擊匈奴。（《漢書》〈衛青傳〉。

　　元朔元年（前 128）春，匈奴侵入遼西、漁陽、雁門，掠殺吏民，遣衛青第三次率將兵擊退之。二年（前

---

1 雷敦淵、楊士朋，《用年表讀通中國歷史》，頁 72-78。安作璋、劉德增，《漢武帝大傳》附錄〈漢武帝大事年表〉。華世出版社，《中國歷史大事年表》，頁 77-84。

127），匈奴又侵漁陽、上谷，武帝復遣衛青第四次率騎兵擊退，收回河南地（黃河河套一帶），置朔方、五原郡（約今內蒙古包頭西北）。

同年，武帝採用主父偃策議，行「推恩令」，施惠分封諸侯王之子弟土地、爵位，以分弱諸藩王國原有大土地及權勢力量；致大國不過十餘城，小侯不過數十里，遂強中央本幹，而弱地方枝葉矣。三年（前 126），張騫的首次出使西域，自大月氏返國（漢廷），前後十三年。

元朔五年（前 124），匈奴右賢王寇擾朔方，帝遣衛青第五次率將領兵擊伐，大勝，俘有匈奴裨王、眾男女、馬畜等，武帝即派使於軍中授拜衛青為大將軍。六年（前 123），復遣大將軍衛青第六次率騎兵出擊匈奴；此年，驃姚校尉霍去病（衛青外甥）也出擊，再從大將軍兩次斬捕匈奴，俘虜匈奴小王、相國、騎兵無數，立戰功多，帝封為冠軍侯。

元狩元年（前 122），帝令張騫選派使者欲出往身毒國（天竺，今印度），使者到滇（今雲南），始通滇國。

元狩二年（前 121），驃騎將軍霍去病第三次率騎兵擊伐匈奴，過焉支（屬今甘肅），虜獲甚眾，有戰功；又第四次至祁連山而還，大勝。同年，匈奴內鬨，渾邪王殺休屠王，霍去病第五次伐擊，渾邪王率四萬餘眾降漢，漢乃分徙其降眾於隴西（今甘肅臨洮）、北地、上

郡、朔方、雲中等五郡，設置塞外五屬國，各以都尉監護之。

元狩四年（前 119），帝遣衛青第七次、霍去病第六次各領五萬騎兵擊伐匈奴，分兩路；衛青渡大漠，斬首一萬九千，大敗匈奴；霍去病於漠北大勝，獲虜七萬五百，封於狼居胥山（屬今蒙古），臨瀚海（呼倫貝爾湖）；武帝升授衛青為大司馬大將軍，霍去病為大司馬驃騎將軍。此後，匈奴元氣大傷，遠遁北徙，漠南再無匈奴王庭。《漢書》〈衛青霍去病傳〉言：「大將軍青凡七出擊匈奴，驃騎將軍去病凡六出擊匈奴」，即如上述。

衛青、霍去病之強力擊伐匈奴，解除了對漢廷的威脅，其勳績偉業，輝煌卓著，立功揚名於史上。

同元狩四年（前 119），張騫奉使出往烏孫（伊梨河流域），為第二次出使西域。

元狩六年（前 117），霍去病薨逝，武帝悲痛，命葬於茂陵側旁，冢似像祁連山，以彰顯其功業。

元鼎二年（前 115），以桑弘羊為大農中丞，置「均輸法」以輸通貨物。

此年，張騫出使烏孫返漢，其曾遣副使行遍西域各國，其後，通往西域之「絲綢之路」通行。

元鼎三年（前 114），蓋乃定立武帝多以天瑞改元且附有年數之確實年號開始。

因至元鼎三年，武帝似尚無年號，而仍以數字紀年，

清代以來之考據注釋史家，多持此說，說法益加詳細周密。

嚴耕望教授（後任中研院院士）所撰〈武帝創製年號辨〉，也同意此說概言：

> 武帝始創年號在即位之二十七年（即元鼎三年）；
> 第一次追改僅建元、元光、天狩，第二次追改有元朔、元鼎、元封。

此文釋舊說之疑，正前人之誤，最為周密，幾乎〔或〕可成定論。[2]

《史記》〈孝武本紀〉：「有司言元宜以天瑞命，不宜以一、二數，一元曰建元，二元以長星〔見〕曰元光」。

清乾隆六十年（1795）初刊的乾嘉時期大史學家趙翼（1727－1814）的名著《廿二史箚記》卷二〈武帝年號係元狩以後追建〉：

> 古無年號，即有改元，亦不過以某年改作元年。如漢文帝〔之前、後元〕十六年；景帝〔之前、中、後元〕是也。至武帝始創為年號，便於記載，萬世良法；然武帝非初登極即建年號也。……是

---

2 嚴耕望，〈武帝創製年號辨〉，《責善》半月刊，二卷十七期（1941），轉引自廖伯源，《秦漢史論叢》，頁 22-23。

帝至元狩以後〔元鼎三年〕始建年號，從前之建
元、元光等號，乃元狩後重制嘉號，追紀其歲年
也。……又按武帝自建元至元封，每六年一改元，
太初至征和，每四年一改元，征和四年後，但改
為後元年，蓋帝亦將終矣。

　　按，武帝在位五十四年，共有建元、元光、元朔、
元狩、元鼎、元封，太初、天漢、太始、征和，後元等
十一個年號；其中，建元至元封六個年號，各六年（合
計三十六年）；太初至征和等四個年號，各四年（合計
十六年）；再加上至後元二年崩，總計即為五十四年。

　　又其創立稱謂年號，多因天瑞而富祥瑞意義，如創
建為第一元稱「建元」；見長星光曰「元光」；收回河
南（黃河河套）地，置朔方郡，設「元朔」；巡幸狩獲
白麟瑞獸稱「元狩」；掘得盛大寶鼎，取新更名「元鼎」；
至泰山封禪，謂為「元封」；初用正月為歲首之太初曆，
乃用「太初」；而因征服四方，得致和平，乃稱號「征
和」等。

　　元鼎六年，南越相敗亡，平南越，以其地置南海、
合浦、珠崖、儋耳（屬今廣東），蒼梧、鬱林（今廣西
境域），交趾、九真、日南（今越南境內），設刺史領
之。又平西南夷，於巴、蜀（今四川）設牁、筰、牂柯、
汶山等郡。同年，又分出武威、酒泉二郡地，加置張掖、
敦煌郡，徙民實之；即後稱「河西走廊」四郡。

　　元封元年（前 110），武帝東巡，封禪於泰山、梁父拜天祭地，改元「元封」；同年，桑弘羊又行「平準法」以平穩物價並充實府庫。三年（前 108），平服朝鮮，置樂浪、臨屯、玄菟、真番四郡。

　　元封五年（前 106），大司馬大將軍衛青薨逝。六年（前 105），西域各國多遣使朝漢，蒲陶（葡萄）、苜蓿、胡麻（芝麻）、胡桃等隨而輸入中國。

　　太初元年（前 104），帝令司馬遷等文臣造「太初曆」，用夏正，廢除秦用十月為歲首之曆法，改以正月為歲首，乃中華曆法史之一件大事，影響至今。

　　天漢元年（前 100），遣蘇武送匈奴使扣留在漢者歸，蘇武被拘留，令居北海（貝加爾湖）牧羊。二年（前 99），李陵自請擊匈奴，被圍，兵敗投降；太史令司馬遷為陵言事辯護，武帝怒，處以腐刑；後乃憤發創作《史記》。

　　征和元年（前 92），巫蠱事起；二年（前 91），皇后衛氏及皇太子戾，因巫蠱事自殺。

　　征和四年（前 89），武帝下「輪臺（罪己）之詔」，強者皇上老年認過，悔改前非，難能可佩。

　　後元元年（前 88），帝防「母壯子弱」而賜死（皇太子弗陵之母）鉤弋夫人。二年（前 87），漢武帝年老崩逝。（帝於景帝元年，前 156 年生；前 141 年嗣位為皇帝，時年十六歲；在位五十四年，享壽足七十歲，葬於茂陵；為西漢、東漢，在位最長久的皇帝）。

　　皇太子弗陵嗣位，八歲，年幼，以霍光等受詔輔政，是為漢昭帝。

　　武帝雄才大略，一生的豐功偉業，大致可以衛青、霍去病的擊伐匈奴，張騫出使西域及其史官司馬遷之創作《史記》，最有意義而影響歷史最為深遠。

第一節　衛青霍去病擊伐匈奴

　　衛青（？－106）與外甥霍去病（前 140－117）皆河東平陽（今山西臨汾）人，都為漢武帝所重用而擊伐匈奴有功，解除西漢初年以來，匈奴對漢的南侵威脅。

　　衛青，衛皇后弟，前後七次出擊匈奴，官至大司馬大將軍。

　　霍去病，衛青姊之子，先後六次出擊匈奴，極有戰功，封冠軍侯，官至大司馬驃騎將軍；武帝曾欲為他營建府第，其曰：「匈奴未滅，何以家為？」帝嘉善其公而忘私，報國忘家的忠誠心志，遂益重愛。

　　武帝在位之初，即感嘆其曾祖（漢高祖劉邦）在高帝七年（前 200）為匈奴圍困於平城（今山西大同）七日，遂立志急欲出擊攻伐匈奴。

　　元光五年，青擊匈奴，至龍城，斬首虜數百。（《史記》〈衛將軍驃騎列傳〉），元光六年，拜為車騎將軍，擊匈奴，賜爵關內侯。元朔元年秋，青復將三萬騎出雁

門，青斬首虜數千。明年（元朔二年）復出，至於隴西
〔今甘肅臨洮〕，捕首虜數千，畜百餘萬，取河南〔黃
河河套一帶〕地為朔方郡，封侯。元朔五年，令青將三
萬騎出，匈奴右賢王潰圍北逃；得右賢裨王、眾男女、
畜獸，引兵而還；天子使使者持大將軍印，即軍中拜青
為大將軍，諸將皆以兵屬，立號而歸。上曰：大將軍青，
師大捷，益封青戶。明年（元朔六年）春，大將軍出，
數將咸屬大將軍，斬首數千級（頭）而還。月餘，悉復
出，斬首虜萬餘人。是歲也，霍去病始侯。去病以皇后
姊子，年十八為侍中。善騎射，再從大將軍。大將軍受
詔，為驃姚校尉，斬捕首虜二千二十八級，封為冠軍侯。
元狩二年春，去病為驃騎將軍，出隴西，有功。（皇）
上曰：驃騎將軍轉戰，過焉支山，執渾邪王子及相國、
都尉，捷斬首虜八千九百六十級，益封去病。其（元狩
二年）夏，去病出，深入祁連山，（皇）上益封；由此
去病日以親貴，比大將軍。其（元狩二年）秋後，上令
去病將兵往擊匈奴渾邪王，降其眾十萬；於是（皇）上
嘉去病之功，益封戶。乃分置降者於邊五郡塞外，為五
屬國。元狩四年春，上令大將軍青、驃騎將軍去病各五
萬騎，力戰深入，單于視漢兵多，而士馬彊（強），遂
西北馳去，兵亦散走。得匈奴積粟食軍而還。去病所斬
捕功已多於青。既皆還，（皇）上曰：去病率師躬將擊
獲匈奴王、將軍、相國、都尉，封〔拜天〕狼居胥山，
禪〔祭地〕於姑衍，登臨翰海，執獲七萬四百四十三級

（頭），取食於敵，卓行殊遠而糧不絕，益封戶驃騎將軍。（上）乃置大司馬位，大將軍（衛青）、驃騎將軍（霍去病）皆為大司馬，秩祿等。自是後，（衛）青日衰而（霍）去病日益貴。青故人門下多去事〔奉〕去病，輒得官爵。上嘗為（去病）治第，令視之，對曰：「匈奴不滅，無以家為也。」由此上益重愛之。大將軍（衛）青凡七出擊匈奴，斬捕首虜五萬餘級。驃騎將軍（霍）去病凡六出擊匈奴，斬首虜十一萬餘級，（匈奴）渾邪王以眾降數萬，開河西酒泉之地，西方益少胡寇。

第二節　張騫鑿空通西域

　　張騫（？－114），西漢漢中城固（今陝西西南，近約南鄭東北邊）人。武帝建元三年（前 138），奉命第一次出使西域大月氏，欲相聯夾攻匈奴，越過蔥嶺，歷經大月氏、大宛、康居等地。元朔三年（前 126），首次出使返漢，在外十三年；途中曾被匈奴拘留。之後，於元狩四年（前 119），又奉武帝命，出往烏孫，為第二次出使西域；他且派副使出往大宛、康居、大夏等國。其兩次出使，溝通並加強漢與中亞各國友好關係，開通中西橫貫孔道，促進了交通、文化、外交、經貿、植物品種飲食的互流與發展，為人類史上一件大事。

　　張騫，（武帝）建元中為郎，時匈奴破月氏王，月

氏遁而怨，無與共擊之。漢（武帝）方欲滅胡，欲通使，乃募能使者。騫應募，使月氏，與堂邑父出隴西。徑匈奴，留騫十餘歲，予妻，有子，然騫持漢節不失。騫與其屬（逃）亡鄉（向）月氏，西至大宛。大宛聞漢之饒財，喜。騫請大宛王使人導送，為發譯，抵康居，傳致大月氏。大月氏地肥饒，少寇，志安樂，又自以遠漢，殊無〔聯結〕報仇胡（匈奴）之心。騫竟不能得月氏要領（意趣）。留歲餘，還，欲從羌中歸，復為匈奴所（拘）得。留歲餘，騫與胡妻及堂邑父俱（出）亡歸漢。騫行時百餘人，去十三歲（年），唯二人得還。騫所至，大宛、大月氏、大夏、康居，具為天子言其地形。大宛在匈奴西南，在漢正西；有蒲陶（葡萄）酒，多汗血馬（天馬）。其西北則康居，西則大月氏，西南則大夏，東北則烏孫；而隴西接羌中。匈奴破殺月氏王，月氏遠去，其餘小眾不能去者，號小月氏。騫曰：在大夏，見邛竹杖、蜀布，大夏人言賈人（生意人）往市（買賣）去身毒〔天竺，今印度〕，在大夏東南。既有蜀物，此其去蜀不遠矣。天子既聞，（各國）如來朝義屬，則廣地萬里，威德徧於四海。天子欣欣以騫言為然。乃令蜀犍為（郡）發使，道出，始通滇國（今雲南）。及騫言，乃復事西南夷。騫又曰：此時厚賂烏孫，招以東居故地，漢遣公主為夫人，結昆弟，則是斷匈奴右臂。天子以為然，拜騫為中郎將，將三百人，馬各二匹，牛羊以萬數，齎〔持贈〕金幣帛直數千鉅萬，多持節副使，可遣之旁

國。騫既至烏孫，致賜諭旨，然未能得其決。騫即分遣副使使大宛、康居、月氏、大夏。烏孫發譯道（導）送騫，與烏孫使數十人，馬數十匹，報謝，因令窺漢，知其廣大。騫還，拜為大行〔外事聯絡禮賓官〕歲餘，騫卒。後歲餘，其所遣副使通大夏之屬者皆頗與其人俱來，於是西北各國始通於漢矣。然騫鑿空（開通孔道），諸後使往者皆稱博望侯，以取信於外國。其後，烏孫竟與漢結（通）婚。初，天子得烏孫馬好，名曰「天馬」；及得（大）宛汗血馬，益壯，乃更名烏孫馬曰「西極馬」，（大）宛馬曰「天馬」。而漢始初置酒泉郡，以通西北國，使者相望於道。西北外國使（者），更來更去。大宛以蒲陶為酒，馬嗜苜蓿，漢使取其實來，於是天子始種苜蓿、蒲陶於離宮別觀肥饒地，極望（旺盛）。西域東接漢之玉門、陽關。自此出西域有兩道：從鄯善至莎車，為南道，西出大月氏。自車師，至疏勒，為北道，西出大宛康居。

要之，張騫通西域之動機，原在尋求與國（聯結大月氏與烏孫），以斷匈奴右臂，而夾擊匈奴。然則，其鑿空（開通東西孔道）之空前大探險偉業，竟傳入了葡萄、苜蓿、胡麻（芝麻）、胡桃（核桃）、胡瓜、胡（番）石榴、胡荽（元荽、香菜）、胡蒜（大蒜）、胡椒，胡樂（樂器、樂曲、樂舞），汗血馬（天馬），魔術等；甚至後來印度佛教的傳入東來，即是取道自西域。而中國所傳出至西域者，最受名媛貴婦渴望求得珍稀貴品，

乃是使者所帶去之薄如蟬翼，「若隱若現的精細優雅絲綢服飾」，而遂形成古代漢朝與西域之著名東西孔道「絲路」。[3]

第三節　司馬遷創作第一部通史 ——《史記》

司馬遷（前145－前86），字子長，司馬談之子，屬今陝西韓城人，為西漢史學、文學、哲學思想家。

早年遊遍南北，考察風俗，採集資料傳說。武帝時，因替投降匈奴的李陵辯解，得罪皇上下獄，受腐刑。出獄後，發憤續寫完成《太史公書》；卒後，稱為《史記》；是中華史上第一部「通史」，開創為「紀傳體」史體形式。又因其對歷史人物的生動語文敘述，形象刻劃鮮明，所以也是一部優質的傳記文學作品。[4]

> 司馬氏世典周史，太史公〔司馬談〕掌天官，有子曰遷。生龍門〔今陝西韓城〕，年十歲則誦古文，二十而南遊江淮，探禹穴，浮沅湘；北涉汶泗，講業齊魯之都〔今屬山東〕，觀夫子遺風鄉

---

3 張其昀，《中華五千年史》〈西漢史〉，頁12-13與頁183-190。（日）桑原隲藏，楊鍊譯，《張騫西征考》，頁47-49與頁126-127。安作璋、劉德增，《漢武帝大傳》，頁282。

4 張其昀，前揭書，第七章，〈中國史學之父司馬遷〉。

射鄒嶧〔孟子故鄉，近孔子家鄉曲阜〕，過梁楚
以歸。仕為郎中，奉使西征巴蜀以南，略邛、筰、
昆明，還報命。太史公〔父司馬談〕發憤且卒；
前執遷手而泣曰：汝復為太史，則續吾祖矣；毋
忘吾所欲論著矣。於是論次其文，欲遂其志之思，
述陶唐〔堯〕以來，至於麟〔武帝巡狩獲麟〕止，
自黃帝始。作〈本紀〉十二，〈表〉十，〈書〉
八，〈世家〉三十，〈列傳〉七十。漢興，百年
之間，天下遺文右事靡不畢集，網羅天下放失舊
聞，上記軒轅，下至於茲，著作立功名於天下，
凡百三十篇，五十二萬六千五百字，為《太史公
書》，成一家言，藏之名山，副在京師，以俟後
聖君子。第七十，遷之自敘云爾。遷既卒後，其
書稍出。宣帝時，遷外孫楊惲祖述其書，遂宣布
焉。〔班固〕贊曰：司馬遷涉獵廣博，貫穿經傳，
馳騁古今，上下數千年間，斯以勤矣。自劉向、
揚雄博極羣書，皆稱遷有良史之材，服其善序事
理，辨而不華，質而不俚，其文質，其事核〔實〕，
不虛美，不隱惡，故謂之實錄。（《漢書‧司馬
遷傳》）

　　東漢末年史學家荀悅（148－209）《漢記》，是史
上第一位確證改稱名司馬遷《太史公書》為《史記》者。
《史記》內容〈本紀〉、〈表〉、〈書〉、〈世家〉、

〈列傳〉五體，共一百三十篇。

　　其中〈本紀〉，有五帝、夏、殷、周、秦、秦始皇、項羽、（漢）高祖、呂太后、孝文（帝）、孝景（帝）、孝武（今上）等十二篇。

　　〈世家〉有越王勾踐、孔子、蕭（何）相國、曹（參）相國、留侯（張良）、陳（平）丞相、絳侯周勃等三十篇。

　　〈列傳〉有老子韓非、孫子吳起、仲尼〔孔子〕弟子、白起王翦、廉頗藺相如、屈原賈生（賈誼）、呂不韋、李斯、蒙恬、淮陰侯（韓信）、扁鵲倉公（名醫）、匈奴、衛（青）將軍驃騎（霍去病）、〔西域〕大宛、貨殖、太史公（司馬遷）自序〔傳〕等七十篇。

　　〈列傳〉第七十篇，即《太史公書》（《史記》）第一百三十篇，司馬遷敘述秉承父命，克紹史官天職，欲以「究天人之際，通古今之變，成一家之言」。

　　司馬遷的《太史公書》（《史記》）為「紀傳體」始祖，是中國史上二十五史之「第一史」，集上古史學通史之大成，不虛美，不隱惡，有良史之才，乃「史家之絕唱」，照耀千古偉大不朽的史學家（兼文學家），被尊稱為「中華史學之父」；兩千多年來，歷代史家對其歌頌讚美不已。[5]

　　至此，茲再回顧整理漢武帝一生的豐績偉業；在內，

─────────────

5 敬請參閱廖忠俊編著《史記漢書概說》第一章，歷代對司馬遷《史記》佳評與第二章，《史記》內容五體百三十篇。

他獨尊儒術，興立太學、郡國學；制定「太初曆」，以正月為歲首，實行至今；始用年號，多以天瑞命名而彰祥瑞；令桑弘羊置「均輸法」以輸通貨物，行「平準法」而平穩物價；他的太史官司馬遷發憤創作史上第一本「紀傳體」通史《史記》。對外，他東服朝鮮，置樂浪、臨屯、玄菟、真番四郡；於河西地置武威、張掖、酒泉、敦煌四郡；派遣張騫兩次出使西域，開通中西交通、外交、經貿、文化交流的孔道「絲路」；通西南夷，置犍為、牂柯、汶山、益州等郡；平定南越，設儋耳、珠崖、南海、合浦、鬱林、蒼梧、交阯、九真、日南等九郡；派遣衛青、霍去病等將騎，向北伐擊匈奴，為史上第一位有能力派大軍出擊匈奴的皇帝，而收復河南（黃河河套）地，置朔方、五原郡。

武帝展現雄才威力，開疆闢土，東北至遼東、朝鮮，西至西域；南達越南，北至大漠蒙古；勤遠略，開拓發展成就空前廣闊的疆域版圖。

清末民初史學家夏曾佑（1863－1923）於其著作《中國上古史》曰：「天生漢武，北破匈奴，西并西域，開西南夷，南擴日南、交阯，東北平濊貊〔朝鮮〕，五十年間（在位五十四年），漢族遂巍然稱大國；中國之境，得漢武而後定」。[6]

班固（32－92）《漢書》〈武帝記〉贊曰：

6 夏曾佑，《中國古代史》，臺灣商務，1968 年 10 月，臺版三刷。

漢孝武之立，卓然罷百家，表彰六經，遂疇咨海內，舉其俊茂，與之立功。興太學，改正朔，定曆數，作詩樂，號令文章，煥焉可述，洪業有三代〔夏商周〕之風。如武帝之雄才大略，雖詩書所稱，何有加焉！

第三章　唐太宗李世民

　　唐太宗（599－649），唐高祖李淵（566－635）次子；生於隋文帝開皇十八年十二月於（陝西）武功別館。公元 627－649 年，太宗年號貞觀，在位二十三年，政治清明，史上博得「貞觀之治」稱名美譽。

　　隋煬帝晚年荒淫無道，各地人民起義反抗；大業十三年（617），十八歲李世民與父親時任（山西）太原留守李淵，合策於晉陽（太原）起義，出兵反隋；旋引兵向西南進軍，攻入京師長安，李淵成為唐王。隔年，大業十四年（618），隋煬帝被右屯衛將軍宇文化及亂軍兵變弒殺於江都（揚州）。

　　唐王李淵稱帝，改國號唐（618－907），年號為武德元年，立長子李建成為皇太子，次子世民為秦王，四子元吉為齊王，（三子玄霸十六歲早逝）。

　　武德元年（618），秦王世民率領唐軍平定隴右（甘肅）薛舉、仁杲父子，確保關中；二年至三年，擊敗劉武周、宋金剛，太原（山西）、北平（河北）平定；四年，戰勝竇建德，洛陽王世充投降，平定河南；同年，荊州蕭銑投降；五年至六年，擊敗河北劉黑闥兵力，黑

閫敗亡；七年，平定山東徐圓朗軍力。

　　秦王李世民征討擊伐，堅毅領導，戰績輝煌，立下大功，為李唐平定各地割據勢力群雄，統一全國。

　　武德九年（626），秦王世民被迫啟動「玄武門之變」，皇太子建成、齊王元吉被殺；皇父李淵大驚，無奈，乃改立世民為太子，旋傳位予世民，是為唐太宗，以明年為貞觀元年（627），世民二十九歲，尊高祖李淵為太上皇。

　　以下扼要概述李世民生平大事記：

　　唐高祖李淵武德元年，世民為秦王。

　　武德四年（621），秦王李世民被加號天策上將，地位在王公之上。同年，網羅文學之士房玄齡、杜如晦、虞世南、孔穎達等為「十八學士」。

　　九年（626）六月四日，被迫發動宮門「玄武門之變」，後繼位為唐朝第二位皇帝，是為唐太宗，立妃長孫氏為皇后，釋放宮女三千餘人，以來年為貞觀元年（627）。

　　貞觀四年（630），唐軍擒獲東突厥頡利可汗，西北各國君長咸服太宗威名，推尊為「天可汗」（大唐皇帝），「唐」字從此威播海外，後漸演變為中國（人）的代稱。（如外域人稱唐裝、唐人街、唐山〔過臺灣〕等）。

　　六年（632），唐太宗寬厚仁慈讓四百位死刑犯回家省親，約定隔年秋末回來行刑，明年期限到，囚犯居然回來，太宗下詔特赦他們死刑。於是，「怨女三千出後宮，死囚四百回監獄」，被稱為「貞觀奇蹟」，千古美

談佳話。

十年（636），房玄齡、魏徵進呈史臣們所修史書，即姚思廉的《梁書》、《陳書》，李百藥《北齊書》，令孤德棻《（北）周書》，魏徵等的《隋書》給皇上太宗。同年，皇后長孫氏於宮殿薨逝，太宗哀慟不已。

十五年（641），文成公主遠嫁吐番。

十七年（643），皇太子李承乾廢為庶人，太宗改立晉王李治為皇太子。此年，太宗令大畫家閻立本將長孫無忌、杜如誨、魏徵、房玄齡、尉遲敬德、虞世南、秦叔寶等畫像為「凌煙閣二十四功臣圖」；同年，魏徵薨逝。

十九年（645），西行天竺（印度）取經的唐三藏返國後將此行所見所聞記錄，著述《大唐西域記》。

貞觀二十三年（649），唐太宗崩逝，皇太子李治嗣位為皇帝，是為唐高宗。

茲又節要摘錄劉昫《舊唐書》及歐陽修《（新）唐書》〈本紀〉，以更詳知唐太宗之生平行傳。

正史劉昫《舊唐書》：

> 太宗諱世民，高祖二子，母竇氏。隋〔文帝〕開皇十八年十二月，生於武功別館。時有二龍戲於館門；有善相書生謁高祖曰：公貴人也，且有貴子。見太宗，曰：龍鳳之姿，天日之表，年將二十，必能濟世安民。高祖因採「濟世安民」之義

以為名焉。太宗幼聰睿深遠，臨機果斷。〔太宗
平定羣雄割據〕，高祖加號天策上將，位在王公
上。海內漸平，太宗待四方之士杜如誨等十八人
為學士。九年，皇太子建成、齊王元吉謀害太宗；
六月四日，太宗率長孫無忌、尉遲敬德、房玄齡、
杜如晦、秦叔寶等於玄武門誅之。旋立為皇太子，
庶政皆斷決。七月，太子右庶子房玄齡為中書令，
太子左庶子長孫無忌為吏部尚書，右庶子杜如晦
為兵部尚書。八月，高祖傳位於皇太子，太宗即
位。放掖庭宮女三千餘人，立妃長孫氏為皇后。
九月，封長孫無忌、房玄齡、尉遲敬德、杜如晦
等為公。十月，又食實封戶。……二十三年三月，
敕皇太子（李治）聽政。五月，上崩，年五十二。
遣詔皇太子即位。八月，百僚上廟號「太宗」，
葬（長安）昭陵。史臣曰：文皇帝（太宗）聰明
神武，拔人物則不私於黨，負志業則咸盡其才。
以房、魏〔徵〕之智，遂能尊主庇民者，時也。
贊曰：貞觀之風，到今歌詠。

正史歐陽修《（新）唐書》：

太子諱世民，高祖次子，母竇氏。四歲，有書生
謁高祖曰：「在相法，公貴人也，必有貴子」。
見太宗，曰：「龍鳳之姿，天日之表，其年幾冠，

必能濟世安民。」乃采其語，名之世民。武德四年，高祖以太宗功高，加號天策上將，位在王公上。太宗功益高，高祖屢許以為太子。〔皇〕太子建成懼廢，與齊王元吉謀害太宗。九年六月〔四日〕，太宗以兵入玄武門，殺太子建成及齊王元吉；高祖大驚，乃以太宗為皇太子。八月，即皇帝位於宮殿。放宮女三千餘人，立妃長孫氏為皇后。改元貞觀元年。……二十三年三月，不豫〔安適〕，命皇太子聽政。五月，皇帝崩於宮殿，年五十三〔五十二〕。

綜觀唐太宗的一生，以影響後世深遠的「玄武門之變」，與史官們修撰八部「正史書」及獲致「貞觀之治」，為三大要事。

第一節　兄弟爭位鬩牆玄武門之變

「玄武門之變」是指唐高祖次子李世民與嫡長子皇太子胞兄李建成（及胞弟）李元吉為爭奪皇位繼承權，而兄弟鬩牆發動兵刃於玄武（宮）門之變亂。

按，史上讚揚美稱「有良史之材」的史官，必須「不虛美，不隱惡」；唯有些史官常為賢者諱，為尊者諱；通常年代比較接近者會如此；反之，年代相隔較久遠而

已無牽連關係者，史官撰文語辭，也許就比較不須迴避隱諱。

　　就以此「玄武門之變」為例，五代、北宋因接連唐朝，所以五代後晉宰相劉昫的《舊唐書》與北宋歐陽修的《新唐書》，或為賢者諱而著墨很少；然則，南宋已年代相隔久遠，於是袁樞的《通鑑紀事本末》針對「玄武門之變」，就諸多著墨而紀事細膩交待清楚。茲引《舊唐書》、《（新）唐書》與《通鑑紀事本末》比較，即可明瞭。

　　《舊唐書》僅記載：

> 九年，皇太子建成、齊王元吉謀害太宗。六月四日，太宗率長孫無忌、尉遲敬德、房玄齡、杜如晦、宇文士及、高士廉、侯君集、程知節、秦叔寶、段志玄、屈突通、張士貴等於玄武門誅之。

　　《新唐書》更是僅以短短二十二個字記載〈玄武門之變〉：

> 九年六月，太宗以兵入玄武門，殺太子建成及齊王元吉。

　　《通鑑紀事本末》則詳細記載「玄武門內難」的來龍去脈前因後果及宮門兵變所在，世民與尉遲敬德馳馬

射殺、追殺建成及元吉的緊張場面，步步驚心動魄，扣人心弦，如在歷史現場：

九年夏六月，秦王世民既與太子建成、齊王元吉有隙；建成夜召世民，飲酒而酖之，世民暴心痛，吐血數升。（皇）上敕建成曰：秦王素不能飲，自今無得復夜飲。因謂世民曰：首建大謀，削平海內，皆汝之功。吾欲立汝為嗣，汝固辭。且建成年長，為嗣日久，吾不忍奪也。觀汝兄弟，似不相容。建成、元吉與後宮〔張婕妤等〕日夜譖訴世民於上，上〔竟〕信之，將罪世民。秦王府屬皆憂懼；房玄齡謂長孫無忌曰：今嫌隙已成，一旦禍機竊發，豈無府朝塗地，乃實社稷之憂，莫若勸王行周公之事〔誅管叔、蔡叔〕，以安家國。存亡之機，間不容髮，正在今日。無忌曰：吾懷此久矣，不敢發口，今子所言，正合吾心。乃入言世民，世民召玄齡謀之。玄齡曰：大王功蓋天地，當承大業；今日憂危，乃天贊也，願大王勿疑。乃與府屬杜如晦共勸世民誅建成、元吉。長孫無忌、尉遲敬德等，亦日夜勸世民誅建成、元吉，世民猶豫未決。世民歎曰：骨肉相殘，古今大惡；吾誠知禍在旦夕，欲俟其發，然後以義討之，不亦可乎？敬德曰：今眾人以死奉王，乃天授也；禍機垂發，而王猶晏然不以為憂，大王

縱自輕，如社稷宗廟何！王今處事有疑，非智也；
臨難不決，非勇也；事勢已成，大王安得已乎？
敬德與無忌密召玄齡、如晦共論之曰：王已決計，
公宜速入共謀之。上得密奏：太白復經天，見秦
王當有天下；（皇）上以其狀授世民；於是世民
密奏建成、元吉淫亂後宮，且曰：臣於兄弟無絲
毫負，今欲殺臣，臣今枉死，永違君親。上省之，
愕然，曰：明〔早朝〕當鞫問，汝宜早參。〔六
月四日〕，世民率長孫無忌等入，伏兵於玄武門。
（後宮）張婕妤竊知世民表意，馳語建成；建成
召元吉謀之。乃俱入，趣〔急促〕玄武門；（皇）
上時已召裴寂、蕭瑀、陳叔達等，欲按其事。建
成、元吉至臨湖殿，覺變，即跋馬東歸宮府。世
民從而呼之，元吉張弓射世民，再三不彀〔緊張
而無以拉弓射箭〕，世民射建成，殺之。尉遲敬
德將七十騎繼至，左右射元吉墜馬；元吉步欲趣
武德殿，敬德追射，殺之。尉遲敬德持建成、元
吉首示之，宮、府兵遂潰。（皇）上方泛舟海池，
世民使敬德入宿衛，敬德擐甲持矛，直至上所；
上大驚，問曰：今日亂者誰邪？卿來此何為？對
曰：秦王以太子、齊王作亂，舉兵誅之，恐驚動
陛下，遣臣宿衛。上謂裴寂等曰：不圖今日乃見
此事！當如之何？蕭瑀、陳叔達曰：建成、元吉
無功於天下，疾秦王功高望重，共為姦謀，今秦

王已討而誅之。秦王功蓋宇宙，率土歸心，陛下
若處以元良，委之國務，無復事矣。上曰：善，
此吾之夙心也。敬德請降手敕，令諸軍並受秦王
處分，上從之。天策府出宣敕，眾〔將士〕然後
定。上乃召世民，撫之。是日，下詔：國家庶事，
皆取秦王處分；立世民為皇太子[1]。（八月，傳位
太子世民，是為太宗；高祖為太上皇）。

　　針對唐太宗蹀血禁門的「玄武門之變」，大史學家
司馬光《資治通鑑》，以春秋之法微言大義而責備於賢
者太宗：

臣光曰：立嫡以長，禮之正也。然高祖所以有天
下，皆太宗之功。隱太子〔建成〕以庸劣居其右，
地嫌勢逼，必不相容。太宗始欲俟其先發，然後
應之，如此則事非獲已；既而為羣下所迫，遂至
喋血禁門，推刃同氣，貽譏千古，惜哉！[2]

第二節　貞觀之治

　　貞觀之治是指唐太宗在位二十三年（627－649）期

---

1 袁樞，《通鑑紀事本末》，卷二十八，〈太宗平內難〉。
2 司馬光，《資治通鑑》，卷一百九十一。

間，政治進步清明，君臣關係融洽和諧；社會秩序安定，「海內昇平，路不拾遺，外戶不閉」；人民生活穩足，國力充實；對外拓展版圖，國勢昌隆，被四方外族君王尊稱為「天可汗」。太宗所締造的文治武功，使得貞觀年間富強康樂，成為後世所推尊美譽的「貞觀之治」。

史學家錢穆（賓四）名著《國史大綱》說：

> 唐太宗是中國史上一個傑出的君主。年十八便為經綸王業，北剪劉武周，西平薛舉，東擒竇建德、王世充；二十四而天下定；二十九而居大位。四夷降服，海內乂安。古來英雄撥亂之主，無見及者；貞觀之治，尤為後世所想望。[3]

形成「貞觀之治」成功的因緣要素有三：第一，因有一位英明幹練勤政愛民勵精圖治嚮往聖君的唐太宗；第二，得致一批忠心耿耿各盡其能鞠躬盡瘁奉獻國家的賢佐輔臣；第三，皇帝獎勵樂受進諫而大臣敢於諫諍的君臣融洽合作關係。[4]

太宗是「貞觀之治」的主角靈魂人物，生而「龍鳳之姿，天日之表，必能濟世安民」；十八歲舉率義兵晉陽，旋攻進京師長安；二十四歲大致討平羣雄割據勢力；

---

3 錢穆，《國史大綱》，第二十二章，唐太宗〈貞觀之治〉；吳兢，《貞觀政要》，卷十。
4 馬起華，〈貞觀政論〉，《政大學報》，第一期，頁 269。

二十九歲即位當皇帝。

太宗允文允武，德功兼備；恭儉慈祥，仁義愛民；知人善任，網羅眾才，愛護體恤，讓其發揮；謙冲納諫，具度量遠識，寬懷有容，能保全功臣；英明能幹，廣其智，集眾慧，奉獻國家；始終不渝，創業又守成；其諸多優點長處，加乘作用，成就了「貞觀之治」。

紅花須要綠葉扶持，魚水兩者相得益彰；主角需有配角的扮演襯托，始得完美一部歷史好戲。「貞觀之治」的配角演員，陣容極為高質堅實，古今無二，他們是房玄齡、杜如晦、魏徵、長孫無忌、褚遂良、尉遲恭（敬德）、秦瓊（叔寶），王珪、于志寧、段志玄、屈突通、蕭瑀、李靖、徐世勣（李世勣，因功帝賜姓李）、高士廉、閻立本、虞世南、馬周、杜正倫、溫彥博、顏師古、孔穎達、李百藥、姚思廉等，有宰相、猛將、諫臣、文史大家、書法名家；文武並用，人才濟濟，羣英畢集，人盡其才，託付得人，各奉所能；貞觀英才，一時之選，良相忠臣，才盡其用，其執政團隊，古今鮮比；他們出將入相，孜孜為國，對太宗貞觀之治初唐歷史的謀策貢獻，無與倫比，功不可沒，光耀千載。

太宗以天縱英才曠世烈功，平定羣雄割據，一統中國；隨即英年登位，入極皇帝；旋為求治心切而勵精圖治，至盼成為史上賢君。然其深曉單獨一主知慮有限，且治國理民，千緒萬端；於是奮其智，取眾慧。泰山不讓土壤，故能成其大；江河不擇細流，而遂匯其深；所

以他重視獎勵大臣奏言進諫，君臣切磋，擇善從流，博
採眾意，折衷取當，使人臣下情上達君主，上下心靈契
合，政治配合無間，竭智盡忠為國，朝政推行順利，致
成「貞觀之治」千古佳話美名。

　　太宗皇帝留傳後世，予人最深而值得尊崇美譽者，
獨特在於他的寬容為懷，樂於傾耳虛聽臣下竭心盡智的
諫諍忠言。

　　太宗謂侍臣曰：「帝王有興有衰，猶朝之有暮；不
知時政得失，忠正者不言，既不見過，所以至於滅亡。
朕既在九重，不能盡見天下事，故布之卿等，以為朕之
耳目。」[5]

　　又曰：「夫以銅為鏡，可以正衣冠；以古〔史〕為
鏡，可以知興替；以人〔臣〕為鏡，可以明得失；以防
己過」。[6]又謂公卿曰：「人（主）欲自照，必須明鏡；
主欲知過，必藉忠臣」；復謂：「君臣相遇，有同魚水，
則海內可安，致天下太平」。[7]

　　於是皇帝誠心樂於聞奏納諫。

　　唐太宗是歷史上最有寬宏大量能接受忠諍進諫的皇
帝，非但能容諫，且誠心獎勵人臣諫諍，導臣使言敢言。
《舊唐書》史臣曰：「太宗納諫，從善如流，千載可稱，
一人而已！」

5　吳競，《貞觀政要》，卷一，〈政體〉。
6　吳競，上揭書，卷二，〈任賢〉。
7　吳競，同上揭書，卷二，〈求諫〉。

至於太宗能有雅量納諫之原由約有以下主要三點：[8]

一、鑑於隋煬帝淪亡之警惕

吳兢（670－749）《貞觀政要》卷三〈論君臣鑒戒〉：「若君主納忠諫，臣進直言，斯故君臣合契；至如隋煬帝暴虐，臣下鉗〔閉〕口，卒令不聞其過，遂至滅亡」。又，卷十〈論行幸〉：「隋煬帝廣宮室，肆行幸，離宮別館，相望道次；逮至末亡，尺土一人。朕深以自鑑誡！」〈論災祥〉：「隋煬帝富有四海，既驕且逸，一朝而敗；言念於此，不覺惕焉震懼」。

二、至盼唐祚綿延長久

《貞觀政要》卷一〈論政體〉：「太宗曰：帝王不知時政得失，忠正者不言，既不見過，所以致於滅亡。魏徵對曰：陛下留心理道，常臨深履薄，國家曆數，自然靈長」。卷三〈鑒戒〉：「朕聞周積功累德，故能保八百年之福祚延長。」卷十〈論慎終〉，太宗又問魏徵曰：朕常懷憂懼，或恐撫養生民，不得其所；或恐心生驕逸，然不自知；卿可為朕言之，當以為楷則。魏徵對曰：陛下聖德玄遠，居安思危，常能自制，以保克終之

---

8 王壽南，〈貞觀時代的諫諍風氣〉，《政大歷史學報》第一期；王壽南，《唐代人物與政治》，頁 22-31，〈唐太宗納諫之原因分析〉。

美，則萬代永賴。

三、嚮往賢君良臣諫諍和諧境界

自漢武帝採用董仲舒獨尊儒術治策，賢君良臣形象
理想，遂為歷代皇帝自期嚮往，唐太宗一代明君，自然
也不例外。《貞觀政要》卷二〈求諫〉，太宗曰：比有
上書奏事，朕總出入觀省，孜孜不倦者，欲盡臣下之〔諫〕
情，以副朕懷。又曰：朕每閒居靜坐，則自內省，恒恐
上不稱天心；但思正人匡諫，欲令耳目外通。……朕開
懷抱，虛心採納諫諍，遂乃極言。

唐太宗的諫諍羣臣中，要以長孫文德皇后、天下號
稱賢相的房玄齡及奏言諫事最多，「皆稱朕意」，可說
是影響皇上最大的「帝師」魏徵，為最有名諫例。

長孫氏十三歲嫁給李世民；武德元年（618），公公
李淵稱帝，立次子李世民為秦王，長孫氏旋為王妃；武
德九年（626），玄武門之變，高祖退位，世民皇太子繼
位為皇帝，長孫王妃即升為皇后；她是著名大臣長孫無
忌胞妹。

《貞觀政要》卷二〈論求諫〉，有一章記載皇后的
進諫：

> 太宗有一特愛駿馬，無病暴死；太宗怒，欲殺養
> 馬宮人。皇后諫曰：昔齊景公以馬死殺人，晏子
> （晏嬰）數其罪：爾養馬死，罪一；以馬殺人，

罪二；諸侯聞之，必輕吾國，罪三；景公乃釋罪。
太宗意乃解，謂房玄齡曰：皇后相啟沃，極有利
益爾。

貞觀十年（636），皇后崩逝，年僅三十六，皇上悲
慟不已；埋葬昭陵後，太宗日夜思念，使人於宮苑加建
塔樓，便於登臨瞭望昭陵，深情懷念。

房玄齡（579－648），與世民初見，便如舊識知己，
世民入關中，為秦王府記室；籌謀「玄武門事件」，協
助秦王取得帝位；「虔恭夙夜，盡心竭節，咸稱良相」；
其子房遺愛娶太宗皇上之女高陽公主。

貞觀二十二年（648），玄齡年老病發，太子使人用
轎子抬玄齡至皇上御座旁，面對宰輔老臣，君臣相對涕
泣。

當時，太宗欲重討高麗；玄齡已生命垂危，顧謂諸
子曰：當今皇上唯欲東討高麗，吾知而不諍言，可謂銜
恨（憾）入地，遂上表進諫。「……願陛下遵皇祖老子
（李耳）止足之誡，以保萬代巍巍之名」。太宗見表，
歎曰：此人危篤如此，尚能憂我國家！上再臨視，訣別，
悲不自勝；皇上一朝頓失良相輔助，如失兩手。帝曰：
玄齡之功，無所與讓，古之名臣何以加也。

魏徵（580－643），歸唐時，初為皇太子（建成）
洗馬（官名），太宗時，為諫議大夫、侍中。其諫諍事
例，如：

貞觀二年，有容色絕姝鄭女，年十六、七，太宗欲聘為充華宮女，詔書已出，策使未發；魏徵聞其已許嫁陸氏，進諫言曰：陛下為人父母，撫愛百姓；今鄭女已許人，豈為人民父母之道乎？恐損聖德，情不敢隱，君舉〔史官〕必書。太宗聞之大驚，深自克責，遂停策使，乃令女歸舊夫。（《貞觀政要》卷二〈直諫附〉）。

貞觀六年，長樂公主，文德皇后所生。將出降（出嫁），敕所司資送〔陪嫁器物〕倍多於長公主〔天子姊妹，姑姑〕；魏徵諫奏，理恐不可。太宗稱善，皇后讚嘆曰：魏徵真社稷臣矣；妾與陛下結髮夫妻情義深重，然每將有言，必俟顏色，不敢輕犯〔皇上〕威嚴，況在臣下？忠言逆耳，天下幸甚；因請遣中使〔宦官〕賚〔賞賜〕帛五百匹，詣（魏）徵宅以賜之。（《貞觀政要》卷五〈論公平〉）。

魏徵因深謀遠慮，所諫，皆稱太宗意，帝乃讚賞慰勞曰：「近代君臣相得，寧有似我與卿者乎？」（《貞觀政要》卷二〈論任賢〉）。

貞觀十七年，魏徵薨逝，太宗親臨慟哭，後曰：「夫以人為鏡，可以明得失，以防己過」。今魏徵逝，遂亡一鏡，因泣下久之；乃詔謂侍臣曰：昔惟魏徵諫，每顯予過，自斯已後，各直言無隱。（《貞觀政要》卷二〈論

任賢〉）。

第三節　貞觀一朝編修八部正史

吳競《貞觀政要》卷二〈論任賢〉：「太宗每機務之隙，引人談論，觀史，商榷古今」。元年，太宗曰：「朕看古來帝王，以仁義為治者，國祚延長；任法御人者，雖救弊於一時，敗亡亦促。既見前王史事，足是元龜」。

初年，太宗謂侍臣曰：「隋煬帝廣造宮室，以肆行幸，自西京至東都，離宮別館，相望道次；究竟有何益？至人力不堪，相聚為賊，不納諫諍，遂身戮國滅。此皆朕耳所聞，目所見〔當代史傳記〕，深以自誡！」十年，謂房玄齡曰：「朕歷觀前代撥亂創業之主，生長人間，皆識情偽，罕至於敗亡。逮乎繼世守文之君，生而〔深宮〕富貴，不知疾苦，動至夷滅。朕少小以來，恆備知天下之史事」。十三年，太宗謂魏徵等曰：秦始皇平六國；隋煬帝承文帝餘業，海內殷富，不納諫諍，既驕且逸，一朝而敗。朕言念於此，不覺惕焉震懼！

十七年，又謂：「以古（史）為鏡，可以知興替。」鑑乎以上所舉，太宗「觀史商榷古今，既見前王史事，足是元龜，備知天下之史事；言念於此，不覺惕焉震懼！」由此可見得知，唐太宗喜愛觀閱通代歷史，考究

帝王得失；而從史實知興替，鑑往知來，供參並惕勵自己用以資助政治。

　　於是有貞觀一代編修八部「正史」。

　　貞觀一代所撰修的八部史書，如以中華歷史朝代先後，則為《晉書》、《梁書》、《陳書》、《北齊書》、《（北）周書》、《隋書》，《南史》、《北史》。其中，前六書為官修斷代史；後二書為私撰通史。

為便於閱覽，茲整理如下表格

史書名	撰修者	內容卷數
《晉書》	唐太宗（撰寫司馬懿、司馬炎、陸機、王羲之四傳「論贊」，房玄齡、褚遂良、許敬宗、李淳風等多人。）	帝紀 10，書志 20，列傳 70，「載記」30，共 130 卷。
《梁書》	姚思廉	本紀 6，列傳 50，共 56 卷。
《陳書》	姚思廉	本紀 6，列傳 30，共 36 卷。
《北齊書》	李百藥	本紀 8，列傳 42，共 50 卷。
《（北）周書》	令狐德棻	本紀 8，列傳 42，共 50 卷。
《隋書》	魏徵、顏師古、孔穎達、長孫無忌等人。	帝紀 5，列傳 50；志 30，共 85 卷。
《南（朝）史》	李延壽	本紀 10，列傳 70，共 80 卷。
《北（朝）史》	李延壽	本紀 12，列傳 88，共 100 卷。[9]

9 尹達，《中國史學發展史》（上），頁 145-146；王樹民，《史部要籍解題》，頁 67-82；世界書局編輯，〈二十五史述要〉，頁 328-329；學海出版社，《怎樣讀史書》，頁 28～37。

　　《隋書‧經籍志》首揭「正史」之名：「自是世有
著作，皆擬班〔斷代史〕、馬〔通史〕，以為正史」。

　　單獨貞觀一代所修得八部「正史」，就佔了全帝制
時代二十四史（第二十五史《新元史》至民國成立十年，
始蒙明令為「正」統官方「史」書）的三分之一[10]；太
宗貞觀盛世，編著八部正史的歷史功業，令人讚歎歌頌，
千載美名，永留史策。

　　唐太宗濟「世」安「民」，資質明叡；韜略過人，
武功顯赫；撥亂一統，功高當代；威加外族，尊「天可
汗」；創業守成，保全功臣；風調雨順，年登歲稔，「海
內昇平，路不拾遺，外戶不閉」（《資治通鑑》卷一九
二）；從諫如流，君臣一體；求才若渴，信任用長；振
古以來，道冠百王；貞觀盛世，帝王風範；名滿中外，
譽垂千載；賢君楷模，萬古流傳。

　　正史《舊唐書》：

　　　史臣曰：觀文皇帝，聰明神武，拔人物不私於黨，
　　　負志業咸盡其才，其聽斷不惑，從善如流，千載
　　　可稱，一人而已！贊曰：貞觀之風，到今歌詠。

---

10 敬請參閱廖忠俊，《史記漢書概說》，頁 9-11，第一章緒言，
　　〈從正史二十五史說起〉。

《（新）唐書》：

> 甚矣，至治之君不世出也！盛哉，太宗之烈也！
> 比跡湯、武，庶幾成、康；自古功德兼隆，由漢
> 以來未之有也。

第四章　女帝武則天

　　武則天（624－705）是中華史上唯一的女皇帝（690－705 在位），一生轟轟烈烈多彩多姿；唯史家看法論斷分岐不一，或評殘忍凶暴，誅殺近親族人、唐室王公、文臣武將；或讚提拔人才，如狄仁傑、張柬之、姚崇、宋璟等。

　　她出生於唐高祖（李淵）武德七年（624），祖籍并州（屬今山西）文水縣（在太原、平遙之間，太原西南、平遙西北）人。

　　父親武士彠（577－635），以木材商人致富，李淵擔任太原留守時，認識結有交情，追隨李淵父子晉陽起兵，任參軍，攻入長安；唐初，先後擔任過利州（今四川廣元）都督、荊州（治在今湖北江陵）大都督及工部尚書。

　　武士彠的第一任妻子相里氏，生有武元慶、元爽兄弟（即為武則天同父異母哥哥），相里氏逝世後，士彠續娶楊氏為妻（後享壽 92），生了三個女兒，長女（因喪夫早而守寡，後因則天之故，私幸高宗賜為韓國夫人；女兒賀蘭敏之絕美，也因高宗私幸封為魏國夫人）；次

女則天，三女（妹妹）早卒。

依據《舊唐書》〈方伎傳〉所記載，武士彠在利州都督任上，曾請大相士袁天綱為次女（則天）看相，天綱看了相大驚曰：「此女龍顏鳳頸，富貴相，日後當為天下主」。

士彠心中驚喜，忽然想到《論語·泰伯》篇：子曰，大哉，堯之為君也！巍巍乎，唯「天」為大，唯堯「則」之！祈禱女兒真能有一天如大相士所言，準則為天下之主，像堯帝一樣的上天高大。

而這一直要到太后神龍元年（705），張柬之等「五人（五王）政變」成功，太后退位，傳給太子（三子李顯）復位為中宗皇上，上乃尊母號為「則天大聖皇帝」。

武氏（才女）之後與太宗皇太子李治（高宗）認識愛戀成家，為李治生了四男（李弘、李賢、李顯、李旦）二女（長女，新生女嬰即被母親武昭儀掐扼夭折枉死；次女即後來之太平公主）。

茲列武則天家屬簡譜如下：

一、娘　家

相里氏（第一任妻子）
武元慶──武三思
武元爽──武承嗣
武士彠（577～635，得年 59）
楊氏（第二任妻子）（享壽 92）

（長女）韓國夫人——女兒賀蘭敏之（魏國夫人）

（次女）武則天（624～705）

（三女）早卒

二、夫　家

武則天（624～705，享壽 82）

李治（唐高宗，628～683，得年 56）

（長子）李弘

（次子）李賢

（三子）李顯（中宗）

（四子）李旦（662～716，睿宗）

（長女）女嬰即被母親武昭儀掐扼夭折枉死

（次女）太平公主

茲概述武則天一生行傳大事記[1]

武德七年（624）出生，父武士彠，母楊氏。

武德九年（626），秦王李世民被迫發動「玄武門之變」，被立為皇太子，旋即位登帝，是為唐太宗。

貞觀元年（627），父武士彠授任為利州都督。

貞觀二年（628），皇子李治（後之高宗）誕生。

貞觀五年（632），提升武士彠為荊州大都督。

貞觀九年（635），太上皇李淵崩逝；同年，武士彠

---

1 參閱趙文潤、王雙懷，《武則天評傳》，〈武則天年譜〉。

亦薨於任所，年 59。

貞觀十年（636），太宗皇后長孫文德薨逝，年僅36。

貞觀十一年（637），武則天十四歲，被召入宮中，立為才人。（當時後宮編制，在皇后之下，立有貴、淑、德、賢妃各一人；昭儀、容、媛，修儀、容、媛，充儀、容、媛各一位，為九嬪；再次為婕妤、美人、才人；最後為寶林、御女、采女等眾多宮女、婢女）。[2]

貞觀十七年（643），廢太子李承乾為庶人，立晉王李治為皇太子。

貞觀二十年（646），太宗得病，太子入侍藥膳，得與武才人相處生情。

貞觀二十三年（649），太宗病重危急，敕令太子聽政；五月廿六日，臨終前召見長孫無忌、褚遂良與太子，詔令輔政，旋崩逝；皇太子即位登帝，是為高宗，此年22歲。九月，武才人入長安感業寺為尼。

永徽元年（650），改元。立妃王氏為（王）皇后。

永徽四年（653），為太宗崩逝守制已過滿三年，高宗赴感業寺上香祈福，見武才人，則天泣，憶舊情，高宗召入宮；「二入宮」，拜為昭儀；與王皇后、蕭淑妃之爭寵糾結加深。

永徽五年（654），王皇后與蕭淑妃妒忌武昭儀，聯

---

2 《唐書‧后妃傳》；王壽南，《武則天傳》，頁 6。

合對付共同情敵，潛謀不利昭儀；而皇帝寵愛昭儀，遂興起廢后之意。

永徽六年（655），七月，李義府上表請立武昭儀為皇后；高宗與大臣商議皇后廢立，分成反對派（長孫無忌、褚遂良、韓瑗、來濟等人）與贊成派（李勣、許敬宗、李義府等）兩大勢力。十月，皇帝詔廢王后、蕭妃，立武昭儀為皇后。此年，武后 32 歲，高宗 28 歲。十一月，武皇后令人砍斷原來的王后、蕭妃兩人手腳，投入大酒甕中，死之。極力堅決反對立武后的（輔政）大臣褚遂良被貶逐至潭州。

顯慶二年（657），更貶褚遂良由潭州（長沙）至更遠的桂州（今廣西），再三貶至邊陲地區愛州（屬今越南）；同年，貶韓瑗、來濟，離開京城。隔年，褚遂良卒於荒遠南疆。

同顯慶二年，贊成立武后的中書侍郎李義府兼中書令，禮部尚書許敬宗擢為侍中兼尚書，又升為中書令。

顯慶四年（659），四月，詔削反對立武后的國舅長孫無忌官爵及封邑，貶置偏遠黔州（今四川與貴州交界之苗族地區）；七月，旋遭許敬宗與太后合計使人至黔州逼迫長孫無忌自盡。八月，李義府升兼吏部尚書。

顯慶五年（660），十月，高宗初患風眩病，委請皇后處理政務，由是武后參預朝政，皆能符合高宗旨意。

龍朔二年（662），高宗染患風痺。

麟德元年（664），許敬宗告發上官儀謀廢武后，被

下獄殺死。此後，高宗上朝，武后垂簾於後，聽政，朝廷內外，稱之「二聖」。

乾封元年（666）8 月，武后使廚師於親族武惟良、武懷運所呈獻之白魚中下毒，毒死受高宗私幸之魏國夫人（大姊韓國夫人之女），並歸罪誣殺惟良、懷運。

總章元年（668）九月，李勣克平壤，擒高麗王，征服凱旋，高宗宴請百官，極歡；置安東都護府於平壤而統轄。

咸亨四年（673）八月，高宗患瘧疾，重病。

上元二年（675）三月，高宗風眩病甚，不上朝，政事統決於武后。

調露元年（679），廢太子李賢為庶人，立三子李哲（李顯）為太子。

開耀元年（681）十一月，貶徙原太子李賢至巴州。

弘道元年（683）十一月，皇帝病重，瀕危；十二月四日，高宗崩於洛陽宮貞觀殿，終年 56 歲，此年武后 60 歲。遺詔太子李顯即位，軍國大事有不決者聽取武后進止。旋太子即帝位，是為唐中宗；尊武后為皇太后，政事歸於太后。

嗣聖元年（684），中宗封立韋妃為皇后，擢升韋后父（即皇上岳父大人）韋玄貞為地方豫州刺史，又擬任命為中央高官侍中，接近相職；引發輔政大臣裴炎強烈反對，皇帝大怒意氣吼叫：只要我高興想要做，就是把天下給韋玄貞，奈你何？裴炎嚇得不敢再說話而直接求

見武太后報告。

武后的大志野心在奪取皇帝大位，現在居然聽言親生兒子（三子李顯中宗）想把天下給岳父，而不是給生母媽媽，怒極！於是與輔政大臣裴炎策廢中宗皇帝，為盧陵王，幽禁。另立四子李旦為（無實權傀儡）皇帝，政事大權仍歸太后。同年，貶謫韋玄貞至欽州（屬今廣東南疆），流放荒遠偏地而死。又令酷吏丘神勣前往巴州（四川）監視被廢太子（二子）李賢，逼令自殺。

八月，葬高宗於長安乾陵。

九月底，李敬業（李勣之孫，原姓徐，因功賜姓李）與弟敬猷、駱賓王等，以匡復李唐皇室，起兵揚州；駱賓王（初唐四傑才子之一）代敬業執筆聲討武太后之著名〈討武曌檄〉。

十月初，太后派遣李孝逸大將軍率將兵三十萬擊伐李敬業軍，回復敬業本姓徐氏。

十一月中，敬業部將王那相反，殺敬業，李孝逸追捕敬業羽翼，討平揚州之變。

垂拱元年（685）八月，李旦子李隆基（685－762）誕生，即後之唐玄宗明皇。

十一月，修原白馬寺，以馮小寶（薛懷義）為寺主住持。

垂拱二年（686），武太后下詔擬復政於睿宗（四子）皇帝，睿宗固讓；於是太后繼續臨朝稱制。

垂拱四年（688）正月，太后令毀乾元殿，於其地作

明堂（洛陽更高大宮殿），以僧懷義監督使作，役數萬人從其事。

四月，侄武承嗣揣度太后意，偽造瑞石置洛水畔，使人取出呈獻太后，上有圖字「聖母臨人，永昌帝業」，太后大悅，命名「寶圖」。七月，太后更瑞石圖，名為「天授寶圖」。

八月，越王李貞（太宗子，高宗弟）與子琅琊王李沖，為護李唐，反對武太后，起兵，太后派兵鎮壓，兵臨城下，李貞兵敗，服毒自盡；李沖被舊部斬殺。十二月底，明堂作成，高、寬各三百尺，富麗堂皇，號稱「萬象神宮」；又令於明堂北側起建天堂，以供奉大神像。

載初（天授）元年（690）正月，太后布政於明堂，以侄武承嗣為文昌左相，武攸寧為納言（官名）。七月，寺僧法明等呈上〈大雲經（疏）〉，言佛意以太后當代替唐而為帝王。九月，侍御史傅游藝率關中百姓九百多人上表，請改國號為周，天賜武氏為女帝。提升傅游藝為「給事中」（官名）；於是文武百官、百姓、僧尼道士等六萬多人更上表如傅游藝所呈請，至睿宗亦上表請賜姓武氏，太后乃准皇帝與羣臣百姓之請，以唐易為武周，正式改元為「天授」。旋立武氏七廟，徧封外戚武氏諸侄武承嗣、三思、攸寧為王；又升遷傅游藝官等。十月，改家鄉并州（山西）文水縣為「武興」縣。

天授二元（691）初，以武承嗣為文昌左相，武攸寧為大將軍；女皇始抑酷吏，殺丘神勣、周興、索元禮。

九月，提拔狄仁傑為地官（戶部）侍郎。

有數百人上表，請女皇立武承嗣為皇太子，（舊唐書：皇后素多智計，兼涉文史〔知防外戚干政〕，不許；屢請，帝怒，令賜罰。）

長壽二元（693），封皇孫李隆基為臨淄郡王。

證聖元年（695）正月，薛懷義銜恨怨怒御醫沈南璆得寵幸於女皇身邊，縱火燒天堂，波及明堂；女皇又令懷義重建明堂、天堂，而懷義仍驕橫不順，女皇怒，使武攸寧率壯士縛殺薛懷義於殿前樹下，屍運白馬寺焚之，送塔。

萬歲通天元年（696）十月，用狄仁傑為魏州刺史，授升姚（元）崇為夏官（兵部）侍郎。新明堂落成。

神功元年（697），張易之、張昌宗兄弟遇寵得幸。六月，因酷吏來俊臣（651－697）羅織武氏諸王暨女皇太平公主用事，武后不悅，使俊臣下獄，旋棄市殺之。

聖曆元年（698），侄武承嗣汲汲營求太子，「國老」狄仁傑以「兒子與侄子誰較親」勸諫不可，女皇悟，乃無立侄子為皇太子之意。男寵面首張易之勸迎回盧陵王（三子中宗李顯），女皇採納。三月，旋托言盧陵王有疾，遣使召回盧陵王回洛陽神都。九月，皇嗣（四子李旦）固請讓位於（三哥盧陵王），女皇批准，改立盧陵王（三子）為皇太子。

久視元年（700）九月，狄仁傑（607－700）年老薨逝，女皇悲慟哭泣，曰：「國老離世，朝殿空了！」，

此後，遇朝廷大事難以決斷時，女皇總是感嘆：「上天為何奪走朕的國老啊！」

長安元年（701）六月，姚（元）崇升兼夏官尚書。九月，女皇之孫李重潤、孫女永泰公主（中宗李顯子、女）因私議張易之、張昌宗男寵出入宮中，無禮，恐有不利；女皇聞怒，乃逼令自殺。

長安二年（702）八月，太子（三子李顯）、相王（四子李旦）、太平公主（女兒），上表請封張昌宗為王，女皇不准。十月，升姚（元）崇為同平章事。

長安四年（704）十月，升侍郎張柬之為同平章事。

神龍元年（705）正月，女皇病重，臥長生殿；二十二日，張柬之、崔玄暐等五人與羽林軍迎太子李顯，殺張易之、張昌宗（女皇男寵）兄弟於宮內廊下，旋入女皇寢宮，逼請女皇讓位於太子，太子即位，復為中宗皇帝；女皇徙居上陽宮，中宗率文臣百官進謁，上尊號為「則天大聖皇帝」。張柬之、崔玄暐、敬暉、桓彥范、袁恕己等五人政變成功，勸請女皇退位，讓位於中宗立有大功，皇帝皆給予升官擔任要職。二月，中宗復國號為唐；五月，封張柬之等五人為王，降武氏諸王為公。

十一月二十六日，則天崩逝於上陽宮仙居殿，享年八十二。

神龍二年（706）五月，祔葬長安（高宗）乾陵，諡曰：「則天大聖皇后」。

至是之後，史稱「武則天」；其陵寢前，立有「無

字碑」，留予後人各自評說論斷。

後代史家評論武則天的行狀傳奇事蹟，大要有三：

一、「女子乘時得勢」，為才人、昭儀、皇后、太
　　后至女皇帝的「奪攘神器」。

二、「制羣生之命，行不義之威」而加害誅殺近親
　　家族、唐室王公及大臣酷吏。

三、納養親狎猥褻男寵面首情夫之「穢褻皇居」。

第一節　從才人、昭儀進階女帝

此節於上述以編年體而行傳大事記，已大要概述；
茲又援引「正史」《舊唐書》，節要摘錄以明證。

《舊唐書》本紀第六〈則天皇后〉記載：

> 則天年十四時，太宗聞其美容止，召入宮，立為
> 才人。大帝〔高宗〕於感業寺見之，復召入宮，
> 拜昭儀。永徽六年，廢王皇后而立武昭儀為皇后。
> 弘道元年十二月，大帝崩，皇太子〔李〕顯即位，
> 尊后為皇太后。既將篡奪，是日自臨朝稱制。嗣
> 聖元年，廢皇帝為盧陵王，幽於別所。立王〔李〕
> 輪（旦）為皇帝，令居於別殿，皇太后仍臨朝稱
> 制。垂拱二年，皇太后下詔，復政於皇帝。以皇

太后既非實意，乃固讓。皇太后仍依舊臨朝稱制。
載初（改元天授）元年，革唐命，改國號為周，
加尊號曰聖神皇帝，降皇帝為皇嗣。神龍元年正
月，上不豫〔安適〕，張易之與弟昌宗謀反，皇
太子率左右〔張柬之、崔玄暐〕及羽林軍入禁中
誅之。是日，上傳皇帝位於皇太子，徙居上陽宮。
皇帝上尊號曰則天大聖皇帝。十一月，則天崩於
上陽宮之仙居殿，年八十三〔八十二〕，諡曰則
天大聖皇后。二年五月，祔葬於乾陵。

　　《（新）唐書》本紀〈則天皇后〉所載，文字大略
相同，此不再贅記。

　　茲以簡明表格列之如下：

身分名位	皇帝紀元年份
才人	唐太宗貞觀十一年（637）
昭儀	高宗永徽四年（653）
皇后	高宗永徽六年（655）
皇太后「臨朝稱制」	（三子）中宗嗣聖元年（684），旋被武太后廢為盧陵王；（四子）李輪（李旦）繼位，改元睿宗文明元年（684），至載初元年（690）。
女皇帝	改元天授元年（690），革唐命，改國號為（武）周；至神龍元年（705）崩逝。

第二節 誅殺近親家族及諸王臣吏

武氏謀權窺位，「不道甚矣」；因而遭此「奸人妒婦」（《舊唐書‧則天本紀》）無辜陷害就誅的近親家族及諸王臣吏中，最慘狀而駭人聽聞者，有親生女嬰、王皇后、蕭淑妃、親姊韓國夫人、侄女魏國夫人、太子李弘（長子）、李賢（次子）、甥武惟良、武懷運、親孫李重潤、孫女永泰公主、親家公韋玄貞（中宗李顯韋后之父）；越王李貞（太宗子，高宗弟）、琅琊王李沖（越王李貞之子）；輔政高宗大臣褚遂良、國舅長孫無忌、韓瑗、上官儀、裴炎[3]，酷吏周興、索元禮、來俊臣等人。

茲列與武則天關係，慘遭謀害誅殺者如下表：

身分姓名	與武則天關係	慘遭謀害誅殺方式
女嬰	長女	被武昭儀搯死，稼禍王皇后。
王皇后 蕭淑妃	高宗皇后 高宗妃	砍斷兩人手腳，投入大酒甕中，死之。
韓國夫人	親姊	寡居，頻繁出入禁中，為高宗寵幸，被則天妒忌殺之。
魏國夫人 武惟良 武懷運	侄女，韓國夫人之女甥	侄女絕美，為高宗私幸，則天妒恨；惟良、惟運兄弟以外官刺史入宮呈送鮮美海味白魚獻上則天；設宴席而家族聚會，使廚師於白魚中下毒，魏國夫人旋感不適，即中毒死；則天邊怒誣怪歸罪送魚之惟

---

[3]林語堂原著，張振玉譯，《武則天正傳》，附錄。

		良、惟運兄弟,併誣殺之,「一魚殺三人」。
太子李弘	長子	不滿武后專政把權,被母后在宴食中,以毒酒鴆殺。
太子李賢	第二子	遭誣謀反逆罪,被廢,幽禁,太后使酷吏丘神勣逼令自殺。
李重潤 永泰公主	孫子(武后三子中宗之子) 孫女(中宗之女)	兄妹私議武后男寵情夫張易之、昌宗兄弟頻繁出入宮中,無禮,或恐不利於李家唐室;后怒,皆縊死。
韋玄貞	中宗韋后父親,中宗岳父,武太后親家公	中宗升韋后父玄貞為刺史,又擬升官侍中,輔政大臣裴炎反對,皇帝怒吼:就是把天下給韋玄貞,奈你何?武太后怒極!於是廢中宗為盧陵王,幽禁之。旋貶謫韋玄貞至荒遠偏地欽州(屬今廣東南疆),流放而死。
越王李貞 瑯琊王李沖	太宗子,高宗弟 李貞之子	捲入徐敬業「揚州兵變」,起兵聲討武太后,謀恢復李唐皇室;武太后派兵征討,平定。李沖被殺,李貞服毒自盡。
褚遂良	輔政高宗大臣	極力反對武昭儀升為皇后,被武后一而再,再而三貶謫至極南荒遠愛州(今越南境內),長途跋涉,失意落魄而死。
韓瑗	高宗大臣	反對武昭儀升皇后,武后遠貶海角,流放海南島,死之。
長孫無忌	太宗長孫皇后之兄,高宗母舅,輔政大臣	反對武昭儀升任皇后,被皇后貶至偏遠黔州,皇后又使人逼迫自縊而死。
上官儀	侍郎	武皇后專權,高宗心中稍惡;上官儀原就反對武氏,竟揣上意起草欲廢武后詔書,不果;被武后權臣許敬宗(當初武昭儀升皇后之極力贊成者)告發謀反,誣以大逆罪,下獄而死。
裴炎	高宗大臣中書令,輔政中宗(李顯)	反對武太后派軍鎮壓欲匡復李唐之「徐敬業起兵之變」,奏請太后召回盧陵王返宮執

		政，太后怒，逮捕下獄，被斬首，殺之。
周興	酷吏	被來俊臣「請君入甕」，誣告謀反，認罪，女皇流放遠地嶺南，死於途中。
索元禮	酷吏	枉法貪污受賄認罪，女皇收捕下獄，死於獄內。
來俊臣	酷吏	竟敢羅織武氏諸王及太平公主（武則天女兒）用事，得罪，咸發其罪，使下獄，女皇批准死刑，旋棄市被殺。

第三節　納養親狎，猥褻男寵，面首情夫

　　唐高宗於弘道元年（683）崩逝，此後，武太后、女皇先後至少愛幸擁有四位男寵面首情夫；前有馮小寶（薛懷義）、御醫沈南璆，後擁張昌宗、張易之兩兄弟。

　　依據雷家驥教授研究，「薛師（懷義）當〔太后〕女皇的情夫大約是從垂拱元年（685）至證聖元年（695），前後凡十一年，時女皇值六十一至七十一歲。至於御醫沈南璆因盡心力醫護女皇而一時得幸為性伴侶；只是薛師多心善妒，故使自己賈禍喪生。薛師死後兩年，〔神功元年（697）〕女皇又有張易之、張昌宗兩兄弟。[4]

　　亦即，武后因皇夫高宗崩逝（683），隔年（684）嗣聖元年八月，埋葬高宗於長安乾陵之後，旋在垂拱元

---

4 雷家驥，《武則天傳》，頁524。

年（685）於洛陽愛幸馮小寶，為掩飾耳目，使小寶為洛陽白馬寺住持並讓其姓薛，而改姓名為薛懷義（薛師父）。

這個大情夫花和尚，「後厭入宮中，多居白馬寺」，於是，女皇讓御醫沈南璆填補其空缺，「後有御醫沈南璆得幸，薛師恩〔幸〕漸衰，恨怒頗甚。證聖中〔元年，695〕，乃焚明堂、天堂，並為灰燼；又隱令懷義充使督作，懷義益驕倨，則天惡之，令〔女兒〕太平公主及武修寧擇壯士縛而縊殺之，以車載屍送白馬寺〔焚之〕。」（《舊唐書》〈薛懷義傳〉）。

然而，御醫沈南璆仍一時難以醫治填滿女皇身心，女兒太平公主心細體貼皇母，乃在新明堂（佈政宮殿）一落成（696）之隔年（神功元年，697），就趕緊把張昌宗（弟）、張易之（兄），推薦入宮送與皇母作伴陪侍，而討女皇心悅神歡，一直至神龍元年（705），兩位男寵情夫謀事，為張柬之等五人發動政變誅殺；同年，女皇崩逝，香消玉殞。

茲引《舊唐書》〈薛懷義傳（附傳沈南璆）〉及《（新）唐書》〈張易之、昌宗傳〉，節要摘錄而知見其得幸近侍則天之恩寵顯貴。

《舊唐書》〈薛懷義傳（附傳沈南璆）〉：

> 薛懷義，本姓馮，名小寶，以販臺貨為業，偉形神，有膂（骨）力，為市洛陽，得幸於千金公主

侍兒。公主入宮言：「小寶有非常材用，可以近侍。」因得召見，恩遇日深。則天欲隱其跡，便於出入禁中，乃度為僧，改姓薛。懷義出入，中官侍從，諸武朝貴禮謁，人呼為「薛師」。則天修洛陽白馬寺，使為寺主。恃恩犯法，人不敢言。則天拆乾元殿，懷義督作明堂及天堂，以功封公賜帛……。懷義後厭入宮中，多居白馬寺。乃有御醫沈南璆得幸，薛師恩漸衰，恨怒頗甚。乃焚明堂、天堂，則天愧隱，又令懷義督作新明堂。後益驕倨，則天惡之，令〔女兒〕太平公主使壯士縛而縊殺，以車載屍送白馬寺〔焚之〕。

《新唐書》〈張易之、昌宗傳〉：

易之，頎晳美姿；太平公主薦其弟昌宗，得侍。昌宗白進易之材用過臣，即召見，悅之。兄弟皆幸，出入禁中，貴震天下，諸武兄弟等爭造門，伺望顏色，親執轡篣（馬鞭嘴套），號易之為「五郎」，昌宗「六郎」。后每燕集，二張諸武侍，為笑樂，淫蠱（虫）顯行，無復羞畏。其後易之等益自肆，姦贓郎藉；已而后久疾，宰相不得進見，惟昌宗等侍側。昌宗恐后不諱，禍且及，乃謀不軌事。神龍元年，張柬之等率羽林兵迎皇太子〔中宗李顯〕入，誅易之、昌宗於（宮內）迎

仙院。

　　同年（神龍元年，705）十一月二十六日，則天女皇崩逝於上陽宮仙居殿，享年八十二。

　　則天（皇后、太后、女皇帝）的一生，功過參半，否定肯定皆有，後世一直爭論不休，而史家亦各自有評述論斷。

　　清乾嘉時期大史學家趙翼（1727－1814）名著《廿二史箚記》卷十九〈武后之（殘）忍〉，清楚細數，娓娓鋪陳控訴武則天謀害誅殺，由外人、諸王、大臣而武氏、親子、愛恨男寵（薛懷義）的慘烈無道：

　　　古來無道之君，皆未有如唐武后之（殘）忍者也。
　　　自其初搤死親女，以誣王皇后，已非人理。後廢
　　　王皇后、蕭淑妃，投釀甕中，骨醉死；並流放長
　　　孫無忌、褚遂良至死；又殺上官儀，凶憸絕人。
　　　又縱酷吏周興、來俊臣等起大獄，誅大臣裴炎等；
　　　甚至來俊臣一向為后出死力，後亦殺之，然此猶
　　　非戚屬。越王李貞、瑯琊王李沖起兵謀復李唐王
　　　室，事敗被誅。然此猶曰非武族也；武后親姊之
　　　女魏國夫人為高宗所私幸，毒之死，並歸罪於武
　　　惟良、武惟運〔之呈送白魚，后使廚師下毒〕併
　　　殺之。然此猶曰異母，非己所生。至若太子李弘
　　　（長子）則后親子，因其奏請蕭淑妃女給准出嫁，

母后遂惡之，竟酖毒死；其弟李賢（二子）為太子，亦后親子也，又以觸忌遭誣謀反，廢為庶人，流放巴州，後又遣丘神勣逼殺之。又（三子）中宗之子李重潤，后孫也；中宗女永泰公主，后女孫也；因私言張易之等出入宮中，後恐有不利，武后聞之，咸令自殺；此天理滅矣。（又縱慾男寵）薛懷義入侍牀第，寵冠一時，可謂愛極，後竟以嫌惡，而令（女）太平公主縛而殺之，車載其屍還白馬寺，而絕其命；真千古未有之（殘）忍人也哉！

然則，趙翼旋於同卷十九〈武后知人〉贊美：

武后之淫惡極矣；然其知人，亦自有不可及者。……武后收人心，擢才俊〔狄仁傑、張柬之、姚（元）崇、宋璟等〕，當時稱知人之明，累朝賴多士之用。而開元中名臣多出其選。其知人善任，權不下移〔武氏諸王及男寵情夫〕，不可謂非女中英主也。

近現代史學家陳寅恪（1890－1969）針對武則天擁有男寵而被批判「穢褻」言論，持平給予評語曰：

讀史者須知武則天乃女主皇帝，則皇帝應具備禮

制，武則天亦當有之；區區懷義、易之、昌宗等
男寵，較唐代皇帝後宮人數，猶為寡少也，否則，
武則天何以不自愧恥？而所謂「非常材用過人」，
此事頗涉穢褻，不宜多及，然世之通達古今變遷
者，自可捐棄其拘泥之見也……武后掌握政權，
固不少重大過失，然在歷史上實有進步之意義[5]。

正史《舊唐書》〈則天皇后本紀〉：

史臣曰：女子乘時得勢，亦足制羣生之命，行不
義之威。悲夫！武后奪嫡之謀，振喉絕襁褓之兒
〔女〕，醢碎椒塗〔王皇后、蕭淑妃〕之骨，其
不道也甚矣！亦奸人妒婦也；窮妖白首，穢褻皇
居。然其時禮正人，終能復子明辟〔復位三子中
宗〕，善言慰（狄）仁傑之心，尊時憲而抑幸臣，
聽忠言而誅酷吏，有旨哉，有旨哉！

---

5 陳寅恪，〈記唐代之李武韋楊婚姻團體〉，《陳寅恪先生文集(一)》，
頁 250。

第五章　唐玄宗李隆基

　　唐玄宗李隆基（685－762，其中712－756在位），因諡曰：至道大聖大「明」孝「皇」帝，故後人又稱唐明皇。

　　唐太宗李世民（599－649）是他的曾祖父，高宗李治（628－683）暨武則天（624－705）為他的祖父母，中宗李顯（656－710）是他的伯父，睿宗李旦（662－716）則為其生父；真是史上著名龍種帝王顯貴家庭。又且，在玄宗隆基兒子李亨（後來肅宗，711－762）為太子時，生長子李豫（後之代宗，726－779），玄宗喜對高力士言：「一日三天子見，樂哉！」；而後之德宗（742－805）、順宗（761－806）出生時，玄宗皆仍在世（享壽78歲），則為「五代同堂」之五天子也[1]，真是滿門富貴家族。

　　茲概述唐玄宗明皇重要行傳大事記：[2]

　　睿宗延和元年，玄宗先天元年（712），李隆基即位皇帝。

　　改元開元元年（713），皇帝姑姑（睿宗妹），以太

1　趙翼，《廿二史箚記》，〈玄宗五代一堂〉。
2　合參併閱，雷敦淵、楊士朋，《用年表讀通中國歷史》，頁181-186；華世，《中國歷史大事年表》，頁213-225。

子〔三子〕隆基「非長子，不當立」，陰謀廢掉侄兒玄宗；內宦高力士等誅殺公主同謀者，再賜公主自盡。帝以高力士有功，破格命為將軍知內侍省事，宦官寵盛由此開始。

開元九年（721），姚崇（650－721）薨逝，享年七十二。

開元十三年（725），前年設立之麗正書院改名集賢殿書院。

開元二十二年（734），李林甫與張九齡同任宰相。

開元二十四年（736），以李林甫任中書令，自此專權用事。

開元二十五年（737），張九齡因李林甫譖誣毀陷，而被貶逐出外為荊州長史。同年，宋璟（663－737）薨逝，享年七十五。

開元二十八年（740），張九齡（678－740）薨逝。

天寶元年（742），以胡人安祿山為平盧節度使，治營州（屬今遼寧朝陽），鎮撫外族靺鞨。

天寶三載（744），改「年」稱「載」；用安祿山兼范陽節度使（治所在河北北京東側，天津稍北的薊縣），制撫奚、契丹。

天寶四載（745），冊封楊玉環、楊太真為貴妃。

天寶七載（748），帝竟賜安祿山免死「鐵券」；又封貴妃三位姊姊為韓國、虢國、秦國夫人，三夫人皆為玄宗帝私幸，權勢傾動天下。

天寶九載（750），賜安祿山為東平郡王。賜貴妃堂兄楊釗改名國忠。

天寶十載（751），又以安祿山兼河東節度使（治在山西太原，捍禦突厥、北狄。）短短九年，竟然授以安祿山三大節度使來備邊防禦外族敵人，佔了當時九個以「節度使」為名來防邊的三分之一，[3]而埋下天寶十四載（755），安祿山舉兵叛亂，攻陷佔據（東京）洛陽、（西京）長安皇都，大唐幾致滅亡的根苗。

天寶十一載（752），李林甫、楊國忠互嫉相仇專權用事；皇帝漸疏李林甫，失勢，薨逝，為相十九年；林甫巧伺上意，唯對他人外表甜言卻內藏陰陷，故世稱「口蜜腹劍」宰相。玄宗旋以楊國忠為相。

天寶十三載（754），或言安祿山有反相，將造反，帝不聽。

天寶十四載（755）十一月，安祿山與史思明舉兵河北范陽，起事造反叛亂，史稱「安史之亂」。祿山叛軍號稱二十萬，以討奸臣楊國忠為名，引兵南下，步騎精銳，驚天動地，所過河北州縣望風瓦解，無敢拒抗，皆棄城迎降。十二月，即渡過黃河，攻陷河南洛陽（東京）。

天寶十五載（756），即肅宗至德元載（756）春正月，安祿山稱帝，自號大燕皇帝，改元。

唐將哥舒翰病中被迫由潼關出，欲東向攻擊洛陽祿

---

3 錢穆，《國史大綱》，頁 446，「玄宗置邊境節度使」。

山叛軍，卻在陝西、河南交界處的靈寶，中了祿山猛將崔乾祐的叛軍埋伏，被大敗；崔乾祐挺進潼關，攻下，潼關要地失守。

哥舒翰部下快速馳回長安告急，皇上始懼，旋召宰相謀劃，楊國忠乃唱西向幸蜀之策，皇上只好同意。

同時，在洛陽已稱帝的安祿山，沒想到皇上急遽西幸出走；而祿山因體胖三百斤，行動不便，又極弱視，幾不見，遂又遣大將孫孝哲將兵攻入長安，皇都淪陷。

皇帝與太子李亨（後之肅宗）既倉惶出宮西逃，至馬嵬驛（咸陽之西，今陝西興平），軍士既疲又餓，「六軍不發無奈何」，將士殺楊國忠等，並迫玄宗使高力士縊殺楊貴妃於佛堂。

玄宗繼續西奔入蜀避難，而太子李亨為父老留住，欲共謀討伐安祿山而恢復唐室。自是，皇太子往北走至朔方郡，「一日不能無君」，於靈武（今屬寧夏，在銀川南方）被屬官勸進即位，是為肅宗。

至德二載（757），安祿山被其子安慶緒與閹豎李豬兒刺殺死，慶緒旋即帝位。

同年，郭子儀與回紇援兵力戰叛軍，敗之，子儀收復國都長安（西京），安慶緒落跑往北逃，至黃河以北之鄴地（今河北臨漳）；尋由廣平王李俶率將兵光復洛陽東京。（後為皇太子，改名李豫，即唐代宗）。

西、東兩京既復，肅宗暨玄宗（太上皇）先後回到長安都城宮殿。

　　乾元二年（759），史思明殺安慶緒，自號大燕皇帝，繼續叛亂。

　　上元二年（761），史朝義殺其父史思明，稱帝繼位。

　　上元三年（762），玄宗（太上皇）、肅宗先後半月內，竟相繼崩逝。先是，「一朝天子一朝臣」，太上皇已無實權，而新寵宦官李輔國乃用事，肅宗發配流放高力士至外，兩年後赦還；歸途中，「老奴」聞悉太上皇與皇帝皆已崩逝，叩地呼天號泣，悲慟不勝，嘔血致疾，老死於中途寺院，年七十九（684－762）。

　　同年，肅宗長子皇太子李豫即位，是為代宗，改元為寶應元年。寶應二年（763），叛軍頭目史朝義窮途末路，自縊；為時八年（755－763），動亂河北、河南、陝西、山西、山東等省的「安史之亂」終於結束。

　　綜觀唐玄宗明皇的一生行傳，其著名而影響於史上之重大要事：

　　一、「開元之治」

　　二、「安史之亂」

　　三、玄宗時期著名詩人暨詩句。

第一節　開元之治

　　開元之治是指唐玄宗李隆基結束了武則天崩逝後的韋武集團亂政，並針對前朝弊政，進行改革，勵精圖治，

重用姚崇、宋璟、張九齡等善謀略之宰相，拔用正直賢能官吏，大力裁汰冗官、禁抑奢靡賄賂風氣，鼓勵直言諫諍，不許宦官干政等，而形成了盛唐開元時期賦役寬平、刑罰簡輕的政治清明安定、社會經濟繁榮發展，海內殷實，人民足用的盛世局面。中唐的著名大詩人杜甫有〈憶昔〉詩句略云：「憶昔開元全盛日，公私倉廩俱豐實，稻米流脂粟米白，男耕女織不相失」，足為證明，此即後世稱頌的開元盛世之治。

開元早期，玄宗以姚崇為相；宰相一上任，就向皇帝陳奏十項興革要點：一、不用酷吏，實行仁政；二、不求興兵貪求喜功；三、反對宦官干政，與外朝對立；四、裁減冗官，杜絕倖人入仕；五、重法紀，杜絕徇私枉法；六、禁抑濫收賄賂不當風氣；七、少建奢侈浪費寺宮；八、以禮法善待大臣，防止奸臣弄權；九、任用賢能之士，鼓勵直言諫諍；十、防制后妃、外戚把權干政。

玄宗皇帝爽快答應宰相的直言上奏，認為姚崇這十項要點經驗老到，涵括政治、軍邊、法紀、經濟、社會風氣等全面顧及，系統具體，積極正面，抓住輔政重點。

姚崇的副手盧懷慎，乃為官清廉，處事謹慎的謙謙君子，輔助姚崇，獻替良多。

姚崇年老（大玄宗皇帝 35 歲），趁事向皇上提出辭呈而推薦了宋璟為相。

宋璟善於用人，量才任職，賞罰無私；為人又勁直

清正而敢於直言諫諍，先後與姚崇是撥亂反正的救時中興宰相；明君重用賢相，賢相極力輔佐，魚水相得，「姚宋」並稱美名，如同貞觀之治的「房杜」一樣，流傳後世，永照史冊。

隨後之張九齡為相，清和淡泊，遠聲色，慎選提拔優秀人才而評定等第。可惜至開元末期，被「口蜜復劍」的李林甫嫉妒譖謗而罷相。

要之，玄宗皇帝開元時期，勵精圖治，重用清正賢相，激濁揚清，公忠體國，政治安定寧靜，府庫充盈，社會進步，經濟繁榮，人民安居樂業，天下太平，史稱「開元之治」。[4]

正史《舊唐書》〈玄宗本紀〉：

> 開元之有天下也，糾之典刑，明之禮樂，愛以慈儉，律以軌儀；廟堂之上，經用才士，賢臣當國，志於昇平；貞觀之風，一朝復振。於斯時也，天子無為清淨，與民休息，垂髫之倪〔兒童〕，戴白之老，不識兵戈，虜不敢犯邊，士不敢報怨，康哉之頌，溢於八紘〔天地〕，是見於開元者矣。年近三紀，可謂太平。

明末清初大儒王夫之（1619－1692）於其名著《讀

---

4 李樹桐，〈開元盛世之研究〉，《臺師大歷史學報》第七期。

通鑑論》〈玄宗〉盛讚：

> 唐多才臣，唯開元之世，以清貞位宰相者三：宋
> 璟清而勁，盧懷慎清而慎，張九齡清而和，遠聲
> 色，絕貨利，卓然立於有唐近三百年之中，而朝
> 廷天下乃藉以乂安；開元之盛，漢、宋莫及焉。

第二節　安史之亂

安祿山為營州雜胡人，生性狡黠，善揣人情。

開元二十九年（741），為平盧（屬今遼寧朝陽）兵馬使，後升營州都督。

玄宗皇帝以開元以來，承平日久，即安於逸樂，納貴妃及其三位姊姊，漸懈怠荒政；罷賢相（張九齡）用倖相（李林甫、楊國忠），又引用野心胡將安祿山。

天寶元年（742），以祿山為平盧（屬今遼寧）節度使，治營州；三載（744），祿山兼范陽（今河北、北京）節度使；四載（745），冊封楊玉環（太真）為貴妃；七載（748），賜祿山免死「鐵券」，封貴妃姊為韓國、虢國、秦國夫人，皆幸於帝，極寵。十載（751），又使祿山兼河東（山西太原）節度使；至此，安祿山所任兼三節度使，橫跨河北、山西、遼寧等三省大部分土地之割據勢力，乃益驕橫專權。而以嚴莊、孫孝哲將軍為心

腹，史思明、崔乾祐將軍等為爪牙。

祿山重三百斤，體胖腹大，入朝談諧敏對；皇上指其腹問：「腹中如此大，究裝何物？」祿山回上：「乃滿腔對皇上赤誠心腹也」，皇上笑悅。

上宴羣臣於勤政殿，百官皆坐樓下，唯賜坐祿山於御座東側，且命貴妃兄姊皆與祿山把酒話敘；祿山因得出入宮禁，而潛蓄異謀心志。

宰相楊國忠狡滑陰險，欲專寵固位，屢奏皇上，言祿山有反狀，陰謀不軌，皇上不聽，於是安、楊兩人產生嫌隙。

天寶十三載（754），祿山密遣親信善選健馬能跑堪戰者數千匹，暗地飼養之。

同載，祿山上奏皇上，為討奚、契丹外族，請求儲用二千多名將官，皇上同意。

十四載（755），祿山又奏請以三十二位胡人能戰番將代替漢將，而皇上竟許之。

此時，安祿山益跋扈擅權，其所率將兵已成全國最強悍壯大的節度使兵團，朝廷形成內弱外強之局勢。

而這些擁兵割據地方之胡將兵卒，畢竟未受中華教育培養陶冶，倫理道德缺乏，禮法文化低落；他們只想吸取唐室膏血營養，而朝廷為抗禦外族乃竭財供養他們；如今其羽翼已成長壯大，居然竟撲向唐室身上，挾

著悍將雄兵勁卒想對抗皇朝[5]；祿山心生起念，「大丈夫當如是也」，「彼可取而代之」，遂爆發醸成「安史之亂」之大災禍，延續八年（755－763）動亂，幾至滅國！舉兵謀反叛亂的日子終於來到。

天寶十四年（755）十一月九日，以「討伐楊國忠」為名，號稱二十萬的叛軍自范陽薊城（即白居易〈長恨歌〉所書漁陽，在今北京、天津之間）引兵南下。精銳步騎驚天動地，因海內承平（開元之治）已久，百姓不習兵革，猝聞兵變，皆懼駭；所過河北諸縣，皆望風披靡，無敢抗拒，或棄城投降，或為所擒。

十一月十九日，即攻陷博陵（今河北定州）。

皇帝聞祿山反，大驚，即召宰相等謀之。安西節度使封常清入朝自請，願至東京洛陽募兵守禦。

祿山叛軍聲勢浩大，十二月二日，自靈昌（今河南滑縣）渡過黃河之後，即往南直逼陳留（開封附近）；十二月十二日，西向攻進洛陽，封常清戰敗，東京（洛陽）淪陷；自十一月九日河北范陽（北京）起兵，至十二月十二日攻陷河南重地洛陽，短短不過才三十三天，河南尹投降祿山。

封常清率餘眾西退陜郡（洛陽西、潼關東），與高仙芝將軍俱入潼關要邑，擬保京城長安。

時安祿山正欲即位稱帝，乃留洛陽，因此長安西京

---

5 錢穆，《國史大綱》，頁 446-451，〈安史之亂〉。

朝廷得為暫喘守備。

皇上所派監軍邊令誠入奏，陳言封常清、高仙芝大敗，棄逃，帝大怒，詔令誠即於軍中斬殺。

皇上又使抱病在家的河西、隴右節度使哥舒翰為兵馬副元帥，將兵東向欲討伐祿山叛軍；將士聞叛軍強盛，無鬥志，舒翰先駐軍潼關守之，暫不出關。

祿山急於登位，趁未乘勝向西攻伐長安；乃於天寶十五載（756）春正月，稱帝於洛陽，自號大燕皇帝。

安祿山旋派遣崔乾祐將軍往西向潼關進軍，只守潼關之哥舒翰不得已，始率唐軍出關而戰，雙方戰於靈寶（陝西潼關以東，河南洛陽以西）；唐軍大敗，哥舒翰與部下百餘騎兵向西潰逃，欲復守潼關，以護長安；唯叛軍崔乾祐乘勝西擊，六月九日，潼關淪陷，哥舒翰投降，執送洛陽，後被安慶緒誅殺。

皇上聞知，著急懼怕；六月十日即召宰相等謀劃。於是，楊國忠首唱西向入蜀之策，皇上只好同意，國忠又請韓國、虢國夫人敦勸皇上急刻入蜀。

六月十二日傍晚，皇帝命令龍武大將軍陳玄禮整合六軍（左、右龍武軍，左、右羽林軍等），精選九百多馬匹、馬車，準備隨時出發。

隔天六月十三日，一早黎明，皇帝與貴妃姊妹、皇子、妃、公主、皇孫，宰相楊國忠、韋見素，禁軍陳玄禮大將軍及親近宦官高力士、宮人等，出宮，西走；時還在外之妃、公主、皇孫，因緊急狀況，來不及通知，

遂棄之而去。

　　一行往西至咸陽望賢宮，縣令已逃跑；時值中午，逃難中，皇上還未進食，國忠就近買胡餅獻上；民眾聞皇上來，爭獻飯、麥，皇孫輩以手爭食，一下子就吃光，感覺還沒吃飽，皇室落難至此，狼狽不堪，民眾見之，咸哭，皇帝亦掩泣淚下。

　　思及此刻天寶之「亂」，憶昔開元之「治」，治亂立判，悲傷已難以同日而語，哀哉！

　　夜半，一行來到金城（已近陝西興平縣）驛，縣令與縣民已逃走，驛館無燈火，當晚眾人累疲而枕藉即睡，貴賤已無分辨。

　　六月十四日，至馬嵬驛（今陝西興平），六軍盔甲將士非常疲累飢餓，憤怒已極！大將軍陳玄禮認為禍端來自楊國忠的巧言令色，媚上欺下，而安祿山既以討楊國忠為名稱亂，而欲誅之；會巧，有吐番使者二十餘人遮道宰相馬車，欲以討食；憤怒中軍士乃呼叫：宰相與胡虜謀反！國忠欲急馳走，軍士追殺國忠，又殺在場韓國、秦國夫人楊氏姊妹。

　　軍士又包圍驛館，皇上使高力士問之；陳玄禮奏言：楊國忠謀反，已誅；（楊）貴妃亦不宜供奉，伏請皇上割恩正法，安危就在此刻，將士安則皇上安，祈願皇上速決，乃下跪叩頭。

　　皇上知眾怒難犯，「六軍不發無奈何」，江山美人只能選其一，乃命高力士引領貴妃，賜縊於佛堂；玄禮

與將士頓首謝罪，咸呼萬歲。於是，再次整軍行伍，往西前進；至陳倉，遙見已先走前的國忠妻子、虢國夫人等親戚在望，軍士旋即追上捕殺；自是，貴妃與三姊妹（夫人），皆俱被誅殺；此即史上著名的「馬嵬驛兵變」事件。(《資治通鑑》卷二一八)

六月十五日，皇上心意已決，欲繼續向西出發入蜀，而此時有父老遮道，以至尊皇上既不欲留，則請太子（李亨）留下，百姓民眾誠願自率子弟追隨，向東破賊復取長安。此刻，太子長子廣平王李俶亦敦勸父親留下，父老即擁留太子馬匹，不得行。

皇上無奈，父子於此分道揚鑣，旋分軍士二千人及飛龍馬隨侍護佑太子。

西行至扶風（後以祥瑞改鳳翔）郡，士卒或心懷去就之意；剛巧碰見來自成都欲上貢絲綵十餘萬匹，皇上乃諭之將士：蜀道難行，遙遠險阻，今即分此絲綵與卿等作為路上換糧盤資，汝等可各自還鄉！

皇上泣下訣別，軍士乃哭道：臣等願死生追從皇上左右，不敢有貳心，因此士卒去就流言停息。

太子（李亨）既已留下，有部屬建議：殿上前曾擔任過朔方節度使，此地離朔方近，且該地士馬全盛，不如即刻前往朔方靈武，太子同意，啟程出發。

至於皇上一行，已往西經過陳倉（今陝西寶雞）、（大）散關，準備折向西南入蜀（四川）。

安祿山既稱帝於洛陽，復知皇上已於六月十三日離

開首都長安西幸，乃遣將軍孫孝哲率兵自潼關西進，西京長安淪陷。

　　然而叛軍皆粗猛而無遠略，既攻下長安，就志得意滿，日夜狂歡縱酒，聲色寶賄，而無續向西或向北追擊之意，於是皇上得以平安入蜀，太子北上亦無追迫之患。

　　太子行至中途平涼（今陝西西北、甘肅東南，與寧夏交界處），朔方節度區官員聞悉，即前來謀議：平涼非屯兵之所，靈武兵馬食物充富，勸請太子北上朔方；太子欣悅，聽從。七月十日，抵達靈武（今寧夏首邑銀川市稍南）；旋有官員力勸即登皇帝位，太子謙讓；左右再進言，請太子為大唐社稷著想而勉從眾心，太子乃許之。

　　七月十三日，太子即帝位於朔方靈武，是為唐肅宗，尊父皇玄宗為太上皇天帝，眾臣歡欣，上亦為之泣下。

　　同日（七月十三日），太上皇一行已跨越陝、蜀邊界，來到今四川東北邊劍閣縣。

　　七月二十九日，終於抵達目的地蜀之大邑成都，計自六月十三日長安國都出發，至此共費時四十六天行程。

　　此時，郭子儀將兵自河北抵達靈武，護衛肅宗皇上，靈武軍威益壯盛，人心懷想光復長安在望。

　　八月十二日，靈武使者抵達奏報，上皇喜曰：吾兒應天順人，自今軍國大事，皆先取決於皇帝，再奏朕知。

　　而叛軍方面，安祿山因體胖，毒瘡腫脹，行動不便，

深居宮禁，他寵愛倖妾所生子，欲以之代替安慶緒繼位；加上眼睛漸昏暗，幾至失明，脾氣乃急躁粗暴，動加箠打右左，尤以閹豎李豬兒屢遭責打，恨於心。

於是在肅宗至德二載（757）正月，祿山稱帝剛滿一年，其子慶緒乃趁夜裡，嗾使李豬兒執刀直入帳中，刺向祿山肚腹，遂死。其左右嚴莊宣言謊稱皇帝急病中，又立慶緒為太子，即帝位。慶緒既得帝位，整日縱酒享樂，荒於政事。

同年（757）二月，肅宗南下鳳翔（扶風），策劃準備反攻，構圖光復長安、洛陽兩京事宜。

至九月，太子廣平王李俶以兵馬大元帥與兵馬副元帥郭子儀並聯合回紇援兵，自鳳翔東進攻入長安，光復皇都，老幼婦孺百姓羣眾夾道歡呼，喜極而泣；捷報傳至肅宗父皇行營鳳翔，百官入賀，狂喜。即日，遣中使宦官急往成都奏報太上皇。

十月，太子廣平王李俶又往東攻向洛陽，大勝，東京也光復。

先後收復西、東兩京，肅宗皇帝大喜，泣下；尋又使人入蜀，恭請奉迎太上皇啟程，回都長安。

肅宗皇帝旋自鳳翔出發，東向咸陽望賢宮，再入都城長安，百姓跪迎皇上於國門，皆喜極而泣，羣呼萬歲不絕。

太子廣平王、郭子儀、回紇援兵既收復兩京，光榮凱旋回到都城長安，皇上舉行慶功宴，大悅，特別慰勞

致謝郭子儀曰：吾之家國，由卿再造！

　　同時，已聞奏捷報的太上皇（玄宗）與高士力、陳玄禮及禁軍一行，即刻由成都啟程，循原路，經鳳翔至咸陽，皇帝（肅宗）親自恭迎於望賢宮，父子再見，仿如隔世，擁抱而泣，不自勝，咸陽父老百姓跪拜歡呼；太上皇對左右曰：吾為天子近五十年，今又為天子父，乃知富貴！左右羣臣皆呼萬歲；進入長安，太上皇從此幸居興慶宮。

　　太上皇旋御宣政殿，傳授國寶國璽予今上。

　　既失河南洛陽，安慶緒即北逃至鄴（今河北臨漳）；安祿山大將史思明自范陽來到鄴城，震怒大罵：「汝為人子，殺父奪帝位，又棄失長安、洛陽兩都，為天地所不容，吾今即來討賊！」旋命令左右誅殺安慶緒。

　　史思明即自號大燕皇帝，立子朝義為王，改范陽為燕京。

　　叛軍主帥安祿山及安慶緒既已死，羣龍無首；內訌出現，互相明爭暗鬥，爭權奪利加遽。

　　史思明又生性猜忌好殺，無寵於長子史朝義，羣下亦皆人不自保。

　　史朝義部將伺機進說：「自古有廢立，宜請謀劃之」。

　　朝義窺想帝位，狠心一橫，遂縊殺其父思明，旋登帝位。

　　當時，郭子儀與僕固懷恩奉命繼續追剿史朝義，朝義屢出戰，皆敗，逃走；叛軍氣勢，乃大減弱。

大唐寶應元年（762）四月，太上皇（玄宗）與皇帝（肅宗）竟相繼於十幾天內崩逝；廣平王李俶（改名李豫）嗣位為帝，是為唐代宗。

此時，史朝義的范陽節度使李懷仙，審勢降附大唐，乃奉命率官軍兵士追擊朝義，朝義走投無路，而於代宗廣德元年（763）正月，逃至林中自縊而死。

懷仙砍下其首獻至長安京師；於是，為期八年（755－763）而擴及河北、河南、陝西、山東等數省的浩大叛亂，隨著安祿山、慶緒，史思明、朝義的相繼滅亡，「安史之亂」終告結束。[6]

第三節　玄宗時期著名詩人暨詩句

中華文學史上，時常稱美有「唐詩」、「宋詞」、「元曲」、「明清小說」，可見世人喜愛讚譽「唐詩」。通常把唐詩分成四個時段：初唐（高祖至睿宗，618－712），盛唐（玄宗與肅宗，713－762），中唐（代宗到敬宗，763－826），晚唐（文宗至哀帝被廢讓位，827

---

6 合參併閱袁樞，《通鑑紀事本末》，卷三十一，〈安史之亂〉。高明士、甘懷真等，《隋唐五代史》，第七章，〈天寶時代安史之亂〉。許道勛、趙克堯，《唐玄宗傳》，第二十一章，〈馬嵬驛事變〉，第二十二章，〈李亨靈武稱帝〉，第二十三章，〈兩京光復〉。李樹桐，〈天寶之亂的本源及其影響〉，《臺師大歷史學報》，第一期。

－907）。[7]

　　玄宗盛唐時期為唐詩的黃金全盛時代，這個時代的著名偉大詩人有李白（701－762，詩仙）、杜甫（712－770，詩聖）、王維（701－761，食素，詩佛，蘇東坡讚美：詩中有畫，畫中有詩）、張九齡（678－740，詩人宰相）、孟浩然（689－740，田園布衣詩人）、王昌齡（698－756，閨怨及邊塞詩人），韋應物（737－792，世稱韋蘇州，田園清淨詩人），孟郊（751－814，孟東野，為孟浩然孫子），陳子昂（661－702，詩風寫實言志），崔顥（704－754，詩風奔放曠達），王之渙（688－742，擅長描寫山水風光），賀知章（659－744，詩風清新抒懷），張繼（玄宗天寶十二年進士，詩多登臨與舟行之作）等。

　　茲各試舉其著名詩作範例，以見玄宗時期詩況之盛美煥彩。

一、李　白

（一）〈月下獨酌〉（節句）

花間一壺酒，獨酌無相親；
舉杯邀明月，對影成三人。
月既不相飲，影徒隨我身，

---

7 臺靜農，《中國文學史》下冊，頁413。葉慶炳，《中國文學史》上冊，頁317。王曾才、陳捷先等，《中國通史》，頁683。

我歌月徘徊，行樂須及春。

（二）〈登金陵鳳凰臺〉（節句）

鳳凰臺上鳳凰遊，
鳳去臺空江自流；
三山半落青天外，
二水中分白鷺洲。

（三）〈夜思〉

床前明月光，
疑是地上霜；
舉頭望明月，
低頭思故鄉。

（四）〈玉階怨〉

玉階生白露，
夜久侵羅襪；
卻下水晶簾，
玲瓏望秋月。

（五）〈送孟浩然之廣陵〉

故人西辭黃鶴樓，

煙花三月下揚州；

孤帆遠影碧空盡，

唯見長江天際流。

（六）〈早發白帝城〉

朝辭白帝彩雲間，

千里江陵一日還；

兩岸猿聲啼不住，

輕舟已過萬重山。

二、杜　甫

（一）〈贈衛八處士〉（節句）

人生不相見，動如參與商，

今夕復何夕？共此燈燭光；

少壯能幾時？鬢髮各已蒼，

昔別君未婚，兒女忽成行。

（二）〈蜀相〉（節句）

丞相祠堂何處尋，

錦官城外柏森森；

三顧頻煩天下計，

兩朝開濟老臣心；
出師未捷身先死，
長使英雄淚滿襟。

（三）〈客至〉（節句）

舍南舍北皆春水，
但見羣鷗日日來；
花徑不曾緣客掃，
蓬門今始為君開。

三、王　維

（一）〈終南別業〉

中歲頗好道，晚家南山陲，
興來每獨往，勝事空自知，
行到水窮處，坐看雲起時，
偶然值林叟，談笑無還期。

（二）〈相思〉

紅豆生南國，
春來發幾枝，
願君多採擷，

　　此物最相思。

（三）〈雜詩〉

　　君自故鄉來，
　　應知故鄉事，
　　來日綺窗前，
　　寒梅著花未？

（四）〈九月九日憶山東兄弟〉

　　獨在異鄉為異客，
　　每逢佳節倍思親；
　　遙知兄弟登高處，
　　遍插茱萸少一人。

（五）〈渭城曲〉

　　渭城朝雨浥輕塵，
　　客舍青青柳色新；
　　勸君更盡一杯酒，
　　西出陽關無故人。

四、張九齡

〈望月懷遠〉

海上生明月，天涯共此時，
情人怨遙夜，竟夕起相思，
滅燭憐光滿，披衣覺露滋，
不堪盈手贈，還寢夢佳期。

五、孟浩然

〈春　曉〉

春眠不覺曉，
處處聞啼鳥；
夜來風雨聲，
花落知多少？

六、王昌齡

（一）〈閨怨〉

閨中少婦不知愁，
春日凝妝上翠樓；
忽見陌頭楊柳色，
悔教夫婿覓封侯。

（二）〈出塞〉

秦時明月漢時關，
萬里長征人未還；
但使龍城飛將在，
不教胡馬度陰山。

七、韋應物

〈秋夜寄邱員外〉

懷君屬秋月，
散步詠涼天；
空山松子落，
幽人應未眠。

八、孟　郊

〈遊子吟〉

慈母手中線，遊子身上衣，
臨行密密縫，意恐遲遲歸；
誰言寸草心，報得三春暉？

九、陳子昂

〈登幽州臺歌〉

前不見古人，
後不見來者，
念天地之悠悠，
獨愴然而涕下。

十、崔　顥

〈黃鶴樓〉

昔人已乘黃鶴去，
此地空餘黃鶴樓；
黃鶴一去不復返，
白雲千載空悠悠。
晴川歷歷漢陽樹，
芳草萋萋鸚鵡洲；
日暮鄉關何處是？
煙波江上使人愁。

十一、王之渙

〈登鸛雀樓〉

白日依山盡，
黃河入海流；
欲窮千里目，
更上一層樓。

十二、賀知章

〈回鄉偶書〉

少小離家老大回，
鄉音無改鬢毛衰；
兒童相見不相識，
笑問客從何處來。

十三、張　繼

〈楓橋夜泊〉

月落烏啼霜滿天，
江楓漁火對愁眠；
姑蘇城外寒山寺，
夜半鐘聲到客船。

　　唐玄宗李隆基是唐代在位最久也是最長壽的皇帝，壽富康寧。前期開元年間，勵精政事，禮樂慈儉，清淨無事，賢相輔佐，忠臣當國，經用之才，得人乃昌，與民休養，國勢強盛，社會繁榮，人民足用，遂至昇平，貞觀盛世，斯時復振，「開元之治」，功垂萬世。

　　後期天寶之後，耽於美色逸樂，荒怠政事，放任昏庸，委用奸相倖臣，小人矇蔽，妒陷忠良，已無姚、宋之獻替，只有甫、忠之害公，於是祿山胡人，得行奸偽，「天寶之亂」，直陷兩京，幾至滅國！前功盡棄，過羞千年。

　　國都皇城淪陷不保，於是倉惶狼狽出奔西蜀，終年又在孤寂憂鬱，遺憾悔恨中了卻殘生，悲乎，哀哉！

第六章　宋太祖趙匡胤

趙匡胤在五代後唐年間（927）生於洛陽，原籍（今河北）涿郡；父趙弘殷，時任後唐禁軍指揮使，母杜氏。

既長，容貌雄偉，器度豁如。

後周世宗柴榮任開封府尹，以匡胤為馬直軍使。

世宗顯德元年（954）即皇帝位，復典禁軍。北漢敵人來寇，隨世宗征戰於高平，北漢敗，世宗拜授為「殿前都虞侯」。

顯德三年（956），升為「殿前都指揮使」；六年（959），追隨世宗北征至瓦橋關，降其守將；還京師，升授「殿前都點檢」。

未久，周世宗病，崩逝；七歲嗣子繼位，是為後周恭帝。

隔年（960），北漢勾結契丹入寇，朝廷命令出師抵禦；至開封東北四十里的陳橋驛，發生了史上著名的「陳橋兵變」，將士「黃袍加身」於「殿前都檢點」禁軍首領，旋內外策應，升殿即皇帝位，改元為建隆元年（960），是為宋太祖。

建隆二年（961）七月，太祖「杯酒釋兵權」，以不

流血的和平方式，成功解除禁軍將領石守信、高懷德等人兵權；以弟趙（匡）光義為皇都開封府尹。

乾德元年（963）南征荊湖（湖北、湖南），平定。

乾德二年（964）十一月，派王全斌大將征伐後蜀（四川），隔年（965）正月，平定。

開寶三年（970）九月，派令潘美大將征伐南漢（兩廣），隔年二月，平定。

開寶七年（974）九月，以將帥曹彬、潘美征討南唐，隔年（975）十一月，攻陷金陵（南京），南唐李後主（李煜）投降，南唐（江南）平定。

至此，除北漢外，太祖基本上已完成統一大業。〔到了宋太宗太平興國四年（979），大宋攻伐北漢，太原淪陷，北漢投降滅亡，「五代十國」結束。〕

開寶九年（976）十月二十日，太祖猝然崩逝於皇宮（所謂「燭影斧聲」離奇懸疑事件）。其弟趙光義旋即繼位登帝，十二月即改元太平興國元年（976），不類一般繼位皇帝是在明年改元。後世多懷疑太祖或死於非命，然則，傳聞不一，而文獻不足，難以確信，遂為千年謎案。

以下簡要概述趙匡胤宋太祖一生行傳大事記：[1]

---

1 合參併閱，劉靜貞、陶晉生、黃寬重，《宋史》，頁380-381，〈大事記〉。

顧宏義，《細說宋太祖》，頁410-417，〈附錄大事年表〉。

雷敦淵、楊士朋，《用年表讀通中國歷史》，頁203-208。

華世，《中國歷史大事年表》，頁269～275。

　　（五代）後漢乾祐三年（950），郭威在澶州由將士「黃旗」加身，被擁立為帝，當時趙匡胤在郭威軍中任職，參與而學會兵變。隔年，郭威即帝位，是為（後）周太祖。

　　後周顯德元年（954），郭威崩逝，養子柴榮繼位，是為周世宗，趙匡胤隨世宗親征北漢於高平，因戰功升任「殿前都虞侯」。

　　顯德三年（956），高升「殿前都指揮使」。

　　顯德六年（959），趙匡胤隨世宗親征契丹，契丹守將在瓦橋關投降，匡胤晉升「殿前都檢點」；未久，周世宗病逝，由七歲嗣子繼位，是為周恭帝。

　　隔年正月一日，趙匡胤由開封北上出抗契丹南侵，至陳橋驛，將士「黃袍加身」擁立為帝，旋引兵回開封，周恭帝禪位；匡胤乃即位登帝，改元為建隆元年（960），是為宋太祖。

　　同年四月及九月，節度使李筠及李重進起兵反宋（太祖），趙匡胤皆親征平定，兩李敗亡。

　　建隆二年（961）六月，宋太祖皇帝生母杜太后病逝，據傳，其生病危篤時，曾召太祖與趙普至榻前，親囑後周恭帝因年幼七歲才失國為殷鑒，交待太祖百年之後要傳位給弟弟匡（光）義，而不要傳年幼兒子，以免重蹈覆轍。此誓約盟書，命親信趙普書寫並藏於內廷金匱，此即所謂「金匱之盟」，唯後人或認為是宋太宗與宰相趙普所合謀偽造。

　　同年七月，宋太祖「杯酒釋兵權」，罷去禁軍將領石守信、高懷德兵權；弟趙匡（光）義為開封府尹，鞏固太祖趙家天子勢力。

　　太祖乾德元年（963），太祖遣將南征平定荊湖，湖北、湖南併入版圖。同年，以文官治理州縣，重文抑武政策施行。

　　二年至三年，派遣將軍王全斌率兵入蜀（四川）討伐，蜀後主孟昶出降，後蜀滅亡。其妃花蕊夫人美絕，被大宋召入宮。

　　三年（965），朝廷設諸路轉運使，統一中央財政權，不落入地方節度使手中。又令各州精選驍勇壯兵送入京師，以強化中央禁兵，不為藩鎮軍閥所用。

　　太祖開寶四年（971），宋滅南漢，兩廣併入版圖。「南唐」危急，自貶國號為「江南」，向大宋稱臣。

　　六年（973），太祖在講武殿親自策對貢士，乃科舉考試「殿試」（廷試、御試）定制為常式之始。

　　八年（975），宋將曹彬、潘美攻陷金陵（南京），南唐後主李煜投降，江蘇、安徽、江西（江南三省）併入版圖。

　　九年（976）十月，宋太祖遽然崩逝，弟趙光義旋即繼位，是為宋太宗，十二月，改元太平興國元年（976）。

　　趙匡胤宋太祖有三件重大史事：一、預謀「陳橋兵變」被擁立當上皇帝；二、「飲（杯）酒釋兵權」消除禁軍主將權勢，樹立皇帝個人中央權力；三、先平定李

筠及李重進的起兵造反（安內），後再平定荊湖、楚（湖北、湖南），後蜀（四川），南漢（廣東、廣西），南唐（江蘇、安徽、江西）並讓吳越（江蘇、浙江）王錢俶自動前來汴京開封朝貢獻地，向大宋降服（攘外）；而大致統一全國，結束「五代十國」紛亂局勢。

第一節　陳橋兵變

　　「陳橋兵變」是趙匡胤開國建立宋朝發動的兵變。後周時，匡胤屢立戰功，士卒服其恩威。顯德六年（959），自「殿前都虞侯」而「殿前都指揮使」，再升「殿前都點檢」，統率最精銳的殿前禁軍。匡胤「武」有義社十兄弟，石守信、王審琦等；「文」有趙普等幕僚，勢力十分雄厚。同年六月，周世宗崩逝，七歲子柴宗訓（恭帝）繼位，「主少國疑」，人心浮動。次年正月初一，邊報北漢會合遼兵南侵，恭帝派匡胤率兵北上抵禦。初三，大軍出發，到達「陳橋驛」（今河南開封東北 40里）。是夜，匡胤酒醉，其弟匡義與趙普智囊部署諸將，派人與留守京城開封的禁軍將領石守信、王審琦內外策應。黎明，趙普等率眾將，加黃袍於匡胤身上，拜呼萬歲，擁上馬還軍開封。於崇元殿行禪代禮，匡胤即帝位，

文武百官參拜。改元建隆元年（960），國號宋。[2]

趙匡胤所謀劃「陳橋兵變」，被軍士擁立為帝，是仿效學習後周太祖郭威的故事。

清乾嘉時代的大史學家趙翼說：

> 五代諸帝多由軍士擁立，至宋（太祖）已第四帝矣。之前有後周太祖郭威，郭威之前有後唐明宗李嗣源及明宗養子李從珂……會契丹兵入，郭威率兵北伐，至澶州，軍士大呼，請威為天子，有裂黃旗以加其身者，山呼震地，擁威南還，遂得其帝。[3]

然則，正史《宋史》本紀第一〈太祖〉，竟無「陳橋兵變」的記載。

現存最早記載「陳橋兵變」的是北宋司馬光的《涑水記聞》，其後南宋李燾撰修的《續資治通鑑長編》敘之更詳。

司馬光《涑水記聞》記載〈陳橋兵變〉大略：

> 建隆元年〔960〕正月，契丹與北漢合勢入寇；太祖時為歸德軍節度使、殿前都檢點，受（後）周恭帝（七歲柴宗訓）詔，將宿衛諸軍禦之。發師，

---

2 陳邦瞻，《宋史紀事本末》，卷一，〈太祖代周〉。
3 趙翼，《廿二史箚記》，卷二十一，〈五代諸帝多由軍士擁立〉。

宿陳橋。將士相與謀曰：「主上幼弱，未能親政，今我輩出死力為國家破賊，誰則知之？不若先立點檢為天子，然後北征，未晚也。」黎明，將士皆擐甲執兵仗集於驛門，太祖尚未起，太宗入白太祖，太祖驚起，諸將或以黃袍加太祖之身，眾皆拜於庭下，大呼萬歲；扶太祖上馬，擁逼南行。太祖曰：「主上及太后，我平日北面事之，公卿大臣，皆我比肩之人也，汝曹今日毋得輒加不逞，毋犯府庫，事定之日，當厚賚汝，不然當誅汝」，眾皆曰：「諾」！乃整飭隊伍而行，入仁和門，不終日而帝業成焉。[4]

李燾《續資治通鑑長篇》記載「陳橋兵變」略謂：

建隆元年春正月，北漢兵與契丹合，周帝命太祖領宿衛諸將禦之。太祖自殿前都虞侯再遷都檢點，掌軍政凡六年，士卒服其恩威，數從（周）世宗征伐，立大功，人望歸之，而主少國疑，始有推戴之意。軍校苗訓，號知天文，見日下復有一日，謂曰：此天命也。是夕次陳橋驛，將士相與聚謀，以其事（立點檢為太子）具白太祖弟匡義與趙普。

---

4 司馬光，《涑水記聞》，卷一。劉靜貞，《北宋前期皇權發展之研究》，臺大史研所博士論文，頁 17-18。劉靜貞，《北宋前期皇帝和他們的權力》，附錄一。

待旦，太祖仍醉臥，未省。黎明，（趙）普與匡
義入白太祖，太祖驚起披衣，或以黃袍加太祖身，
且羅拜庭下，稱萬歲。遂扶太祖上馬，擁逼南行。
匡義立於馬前，請以剽劫爲戒，太祖度不能免，
乃曰：少帝及太后，我皆北面事之，公卿大臣，
皆我比肩之人，汝等毋得淩暴，劫府庫，事定當
厚賞汝，不然當族誅汝；衆皆拜，乃振軍自仁和
門入，秋毫無所犯。太祖詣崇光殿行禪代禮，文
武百官就列；然獨未有（後）周禪代制書，翰林
學士陶穀出袖中，進曰：制書成矣。宣徽使引太
祖拜受，太祖升殿即位，群臣拜賀。[5]

　　前述，正史《宋史》〈太祖本紀〉居然未載透過此
「陳橋兵變」而南行，回入皇京開封，即位登帝大事。
　　於是，當然引起後來史家的持疑及探索，大都同意
「陳橋兵變」是由趙匡胤暨匡義兄弟的導演預謀，加上
智囊趙普及留守汴京（開封皇都）禁軍將領，「義社」
兄弟石守信、王審琦的內外策謀，裡應外合——此由苗
訓傳言「日下復有一日，天命也」與京城之外，居然能
有「黃袍」加身（按，天子之外，凡人披上黃袍，視為
欺君謀反大逆，死罪，誅之！）及翰林學士陶穀早已寫
好的後周恭帝禪位詔書，足以知見，其早已預謀兵變，

---

5 李燾，《續資治通鑑長編》，卷一。劉靜貞，同註 4 臺大史研
　所博士論文，頁 18-21。劉靜貞，同註 4 所引書，附錄二。

而南行回宮，登基即皇帝位。

第二節　杯酒釋兵權

　　「杯酒釋兵權」乃宋太祖集中兵權的手段。宋剛開國，太祖接受趙普建議，解除武將兵權，以免重蹈五代以來武將專橫、君弱臣強之覆轍。建隆二年（961）七月，太祖召來石守信、王審琦等宿將飲酒，勸諭他們釋去兵權，多積金錢，擇好田宅，多置歌兒舞女，終其天年。君臣之間，結親戚，為婚姻，上下相安，永保太平。次日，石守信、王審琦、高懷德等大將皆辭去中央軍職，而另以石守信、高懷德、王審琦，出為掛名節度使。於是，宿將權重、足以左右政局之憂心，一朝而解除。[6]

　　和「陳橋兵變」一樣，宋太祖之弟太宗時期，命史官李昉等所編修的《太祖實錄》、《重修太祖實錄》，為尊者（太祖）諱，為賢者（皇兄、宰相趙普，石守信、王審琦等節度使）諱，而沒有記載此「飲（杯）酒釋兵權」。此即趙翼在其名著《廿二史箚記》所嘆：「故宋史而有是非善惡迴護諱飾處」。[7]

　　故至下一代元朝的脫（克）脫、阿魯圖丞相等，依據《（重修）太祖實錄》而編修的《宋史·太祖本紀》

---

6 陳邦瞻，《宋史紀事本末》，卷二，〈太祖收兵權〉。
7 趙翼，《廿二史箚記》，卷二十三，〈宋史重修史事〉。

也就沒有「飲（杯）酒釋兵權」矣。

　　「飲（杯）酒釋兵權」最早的記載，為北宋丁謂（966－1037，宋真宗時宰相、封晉國公）的《丁晉公談錄》與王曾（978－1038，宋真宗時，「三元及第」狀元，累遷參知政事副宰相；仁宗時，升任集賢殿大學士相位，諡文正）[8]的《王文正公筆錄》。

　　至司馬光（1019－1086）的《涑水記聞》及南宋李燾（1115－1184）的《續資治通鑑長篇》載述「飲（杯）酒釋兵權」更詳。

　　丁謂《談錄》：

　　　　趙普在相府，奏太祖曰：石守信、王審琦皆不可令主兵〔權〕；臣慮其不能制下，其間軍伍若忽有作孽〔謀反擁立〕者，臨時不自由〔由不得〕耳。太祖謂曰：此二人受國家如此擢用，豈敢負朕！趙普曰：只正如陛下，您豈負得世宗？〔而逼世宗幼子恭帝禪位！〕太祖方悟解而從之。[9]

　　王曾《筆錄》：

　　　　太祖創業，石守信、王審琦等猶分典禁軍如故。相國趙普密啟，請授以他任。於是召守信等酒宴

---

8 敬請參閱廖忠俊編著，《科舉考試：著名狀元榜眼探花傳略》，〈宋代王曾狀元〉。

9 丁謂，《丁晉公談錄》，頁22。

相樂，因諭之曰：今汝等莫若自擇善地，各守外
藩〔節度使〕，賦租之入，足以自奉，優遊卒歲，
不亦樂乎？朕後宮中有諸女，當約婚以示無間
〔隙〕。守信等咸頓首稱謝。由是高〔懷德〕、
石〔守信〕、王〔審琦〕等，尋各歸〔藩〕鎮，
幾二十年，貴盛赫奕，始終如一。[10]

司馬光《涑水記聞》詳細載述〈飲酒釋兵權〉如下：

太祖既得天下，召趙普問曰：「吾欲為國家建長久
之計，其道何如？」普曰：「國家不安者，節鎮太重，
君弱臣強而已矣。今欲治之，惟稍奪其權，制其錢穀，
收其精兵，則天下自安矣。」

頃之，與石守信、王審琦等飲酒，酒酣，上屏左右
謂曰：「吾今終夕未嘗敢安枕而臥也。」守信等皆曰：
「何故？」上曰：「居此位者，誰不欲為之？」守信等
皆惶恐起，頓首曰：「陛下何為出此言？誰敢復有異心？」
上曰：「汝曹雖無心，然如汝麾下之人欲富貴者，一旦
以黃袍加汝之身，汝雖欲不為，不可得也。」皆頓首曰：
「唯陛下指示可生之路。」上曰：「人生如白駒之過隙，
所謂好富貴者，不過欲多積金銀，使子孫無貧乏。汝曹
何不釋去兵權，擇田宅，為子孫立永久之業；多置歌兒
舞女，日飲酒相歡，以終其天年。君臣之間，兩無猜嫌，

10　王曾，《王文正公筆錄》，頁 16，〈罷功臣兵權〉。

上下相安，不亦善乎！」明日，皆稱疾，請解軍權。上許之，皆以散官〔節度使〕就第，所以慰撫賜賚之甚厚，與結婚姻。[11]

南宋李燾《續資治通鑑長編》〈飲酒釋兵權〉，乃參閱司馬光著書而登載：

一日，皇上召趙普問曰：「吾欲為國家長久計，其道何如？」普曰：「方鎮太重，君弱臣強而已。今所以治之，惟稍奪其權，制其錢穀，收其精兵，則天下自安矣。」

上悟，於是召守信等飲，酒酣，屏左右謂曰：「吾終夕未嘗敢安枕而臥也。」守信等皆曰：「何故？」上曰：居此位者，誰不欲為之？守信等皆頓首曰：陛下何為出此言？誰敢復有異心？上曰：汝曹雖無異心，其如麾下之人欲富貴者，一旦以黃袍加汝之身，汝雖欲不為，其可得乎？皆頓首曰：「臣等愚不及此，惟陛下指示可生之途。」上曰：「人生如白駒之過隙，所為好富貴者，不過欲多積金錢，使子孫無貧乏耳。爾曹何不釋去兵權，出守大藩，擇田宅，為子孫立永遠之業，多置歌兒舞女，日飲酒相歡以終其天年。我且與爾曹約為婚姻，君臣之間，兩無猜疑，上下相安，不亦善乎！」皆拜謝。明日，皆稱疾請罷，上喜，所以慰撫賜賚之甚厚。[12]於是，使石守信、高懷德、王審琦等，離中央朝廷皇都，出外藩，

---

11 司馬光，《涑水記聞》，卷一。
12 李燾，《續資治通鑑長編》，太祖建隆二年七月。

任節度使，皆罷去軍職兵權。

　　之後，太祖又「重文抑武」，使用文臣為地方長官、設置知州、知縣、通判官吏於諸州，由中央任命，奪去軍人把持地方操縱大權。又置轉運使，使地方錢穀財用，除該州必要支出經費，悉輸進中央，使地方財富收歸中央。又命地方諸州各選精兵收入京都，補強護衛天子禁軍，而較為普通體力甚至老弱者，始留地方各州（強幹弱枝，強本弱末）。此亦即趙普答覆太祖所言：「奪其權，制錢穀，收精兵」也。

　　至此，軍事兵權、吏治（重文抑武）行政權、錢穀財賦權等，皆脫離地方藩鎮把權分割，而統一集中於皇廷，遂定於天子一尊而中央集權矣。[13]

第三節　平定南方割據政權統一全國

　　唐朝自高祖李淵創國（618）至哀帝亡國（907），計二百九十年；之後，進入五代（907－960，後梁、後唐、後晉、後漢、後周）十國（前蜀，吳、楚、閩，南平荊南、後蜀、南漢、南唐，吳越、北漢。）

　　其中，五代的後周恭帝柴宗訓（七歲）禪位予宋太

13　錢穆，《國史大綱》，頁525-527，〈宋初中央新政權之再建〉。
　　蔣復璁，〈宋代一個國策的檢討〉，《大陸雜誌》，九卷七期。
　　芮和蒸，〈論宋太祖之創業開國〉，《政大學報》，第十八期。

祖趙匡胤（960）。十國的前蜀被五代的後唐所滅；吳、楚、閩被較強大勢力政權南唐所滅。而吳越（錢俶）一直朝貢臣服宋太祖、太宗，至太宗太平興國三年（978），獻地於大宋，滅亡；隔年，太平興國四年（979），太宗親征消滅北方的北漢。

於是，得以知見剩下的南平（荊州）、後蜀、南漢、南唐，是由宋太祖在位期間（960－976）所征討消滅的四個南方割據政權。[14]

（一）討平荊湖（963）

太祖乾德元年（963），派遣慕容延釗、李處耘率兵南下，討平荊（江陵，湖北）湖（武安長沙，湖南），高繼冲降於宋。

（二）討平後蜀（964－965）

乾德二年至三年（964－965），太祖派遣王全斌、曹彬等由水、陸兩道往西南伐蜀，攻陷成都，蜀主孟昶驚駭，臣服，押至汴京開封，封為公；未久，憂鬱而亡。

（三）討平南漢（970－971）

太祖開寶三至四年（970－971），派遣大將潘美等率兵南下擊伐南漢，兵臨桂州（廣西桂林）、廣州（廣東）城下；南漢主劉鋹出降，被押入東京（開封），南漢滅亡。

---

14 杜建民，《中國歷代帝王世系年表》，頁 148 與頁 153，〈五代十國（興亡）表〉。

（四）討平南唐江南（974－975）

先是，宋太祖諭召南唐（江南）後主李煜（詩詞大家，937－978）入朝，後主擔心回不來，託辭有疾，抗命不朝；又派學士承旨徐鉉至東京開封，請求緩師南下，太祖震怒曰：天下一家，朕臥榻之側，豈容他人鼾睡！旋派大將曹彬、潘美在開寶七年（974），率兵討伐南唐（江南）；隔年（975），宋軍攻陷建康（南京），李煜出宮投降，被押往東京開封，封「違命侯」[15]。〔至宋太宗太平興國三年（978），傳因其〈虞美人〉詞中有「故國不堪回首月明中」、「恰似一江春水向東流」字句，引發太宗聯想，猜忌、不滿，使人用下藥毒殺之〕。

趙匡胤在後周顯德六年（959），周世宗柴榮崩逝，七歲子柴宗訓嗣位為後周恭帝。隔年（960），以「殿前都檢點」之禁軍統領地位，透過「陳橋兵變」，「黃袍加身」而南回東京開封，善待後周太后暨其子恭帝主上，旋登基即位為宋太祖，改元建隆元年（960）。

二年七月，又能兵不血刃，而以和平方式「飲酒釋兵權」，罷去禁軍宿將軍權。國內安定之後，尋於乾德元年（963）至開寶八年（975），派遣將兵先後征討平定荊南、後蜀、南漢、南唐（江南）等地方割據政權。其開創有宋至統一大業的豐功偉績，留傳後世。

正史《宋史》〈太祖本紀〉贊曰：

---

15 陳邦瞻，《宋史紀事本末》，卷三至卷六，平荊湖、蜀、南漢、江南。

五季亂極，宋太祖起介胄之中，踐九五之位，其
發號施令，名藩大將，俯首聽命，四方列國，次
第削平，此非人力所易致也。建隆以來……治定
功成。在位十有七年之間，而三百餘載根基，傳
之子孫，世有典則。遂使三代而降，考論文物之
治，道德仁義之風，宋於漢、唐蓋無讓焉。創業
垂統之君，規模若是，亦可謂遠也已矣！

王夫之《宋論》卷一〈太祖〉讚揚宋太祖：

宋祖兵不血刃，刑不姑試而悍將服……受非常之
命，終以一統天下，底於大定，垂及百年，世稱
盛治。……太祖勒石，鎖置殿中，使嗣君即位，
入而跪讀。其戒有三：一、保存柴氏子孫，二、
不殺士大夫，三、不加農田之賦。若此三者，不
謂之盛德也不能。……三代以下稱治者三：文景
之治、貞觀之治；宋自建隆息五季〔五代〕之凶
危，登民於袵席，宋其裕矣。

第七章　明太祖朱元璋

　　明朝（1368－1644）是在元朝（1271 年元世祖忽必烈建元定都於大都燕京至元順帝二十八年，1368 年滅亡）末年政治腐敗，經濟困頓，社會階級不平等，到處騷動橫生，經由各地農民紛紛起義抗暴，終為朱元璋征討平定群雄割據勢力，再驅逐元廷撻虜，恢復中華，即位稱帝，所建立起來的大明封建皇朝。

　　元璋起兵濠州鳳陽，投靠郭子興，以韓林兒、劉福通所起義領導的紅巾軍作屏護，逐漸發展勢力，由小兵卒小軍官而副元帥都元帥；至渡（長）江之後，克取集慶（今南京）應天府為根據地，自號吳國「公」。又先後於元至正二十三年(1363)經過江西「鄱陽湖大水戰」，消滅西邊勁敵陳友諒，遂稱吳「王」。至正二十六年(1366)，或稱使用廖永忠至安徽滁州，佯稱迎接「小明王」至應天，卻於江中鑿洞沈船，溺斃韓林兒。隔年（二十七年，1367），元璋派遣徐達、常遇春兩位大將，率兵攻破東邊富強敵軍張士誠都城平江（今江蘇蘇州），士誠被俘，自縊敗亡。江南平定，旋於同年十月中，更遣徐達大將、常遇春副將，統領明軍將士，乘著勝利翅膀氣勢餘威而北伐元廷皇帝，快速攻陷平定山東、河南、陝西潼關元

軍，乃對元軍大都（河北燕京）形成三面包圍態勢。元
至正二十八年（即明洪武元年）七月二十八日，徐達與
常遇春所統率的明軍，兵臨大都城下；八月二日，元順
帝棄城北逃上都（今河北境外，內蒙古多倫），元朝敗
亡；元璋改大都名為北平（北方平定）。同年（1368），
朱元璋即位稱「帝」，國號大明，取日、月光輝明亮之
意；皇宮正殿稱「奉天（奉天承運）殿」。

　　以下謹扼要概述朱元璋一生行誼大事記：[1]

　　元末天曆元年（1328），元璋出生。

　　元順帝至正四年（1344），淮北大旱、瘟疫，父、
母、兄長病死，元璋遁入皇覺寺為僧。

　　至正十一年（1351），白蓮教主韓山童率劉福通密
謀起事，為元朝官府捕獲，山童處死；福通與山童之子
韓林兒脫逃，旋起義於安徽。徐壽輝則起事於湖北。

　　至正十二年（1352），安徽定遠人郭子興起義於濠
州（安徽鳳陽），朱元璋投靠郭子興，以紅巾軍為號召。

　　至正十三年（1353），張士誠據有（江蘇）高郵、
泰州，自稱「誠王」。

　　至正十五年（1355），劉福通迎韓林兒至安徽，號
稱「小明王」，國號宋，建元龍鳳。同年，郭子興卒。

　　小明王諭命郭天敘（子興之子）為都元帥，張天祐

1　合參併閱吳晗，《朱元璋傳》，附錄，〈朱元璋年表〉。雷敦
　　淵、楊士朋，《用年表讀通中國歷史》，頁 255-263。華世出版
　　社，《中國歷史大事年表》，頁 341-353。

（子興外甥）、朱元璋皆為副元帥；不久，郭、張戰死。

至正十六年（1356），元璋攻克集慶（今南京），改名應天府，稱吳國「公」；郭子興部隊將兵尋歸入元璋統制。

同年，張士誠盤據東吳平江（今江蘇蘇州）。

至正十七年（1357），紅巾軍將帥明玉珍占領蜀境（四川）重慶、成都。

至正十九年（1359），朱元璋徵迎劉基（伯溫）等來南京，謀劃獻策。

至正二十年（1360），江西陳友諒殺徐壽輝，自立為帝。

至正二十一年（1361），朱元璋攻陷（安徽）安慶。

至正二十二年（1362），明玉珍由四川南下攻陷佔領雲南。

至正二十三年（龍鳳九年，1363），朱元璋與江西陳友諒將兵，雙方大水戰於鄱陽湖，友諒往北突圍，於湖口被元璋軍士以強力流矢射穿眼睛，重傷，友諒敗亡，全軍覆沒；朱元璋勝，大喜，自稱吳「王」。

至正二十六年（龍鳳十二年，1366），西南明玉珍卒，其子明昇嗣位稱帝。

同年，朱元璋使派廖永忠至安徽滁州迎接「小明王」韓林兒至應天（南京）；舟行至瓜洲（南京北方鎮江、六合之間），傳言永忠使鑿船洞，江水入洞沈小明王舟，溺斃。

　　至正二十七年（1367），元璋派遣徐達、常遇春大軍攻破平江城（蘇州），東邊富庶勁敵張士誠被俘，敗亡。

　　至此，西邊陳友諒，東南張士誠，兩大強敵已被朱元璋打敗；同年十月中，元璋乘勝，即又派遣徐達大將，常遇春副將，率領大軍北伐，以「驅逐韃虜，恢復中華」為口號。

　　至正二十八年（明洪武元年，1368），勝利在望，統一全國在即，朱元璋在李善長等輔臣的再三請求，乃即位稱「帝」於南京，國號大明，建元洪武元年。

　　同年，徐達、常遇春等征虜明軍，士氣旺盛，連克平定山東、河南、陝西（潼關），對元軍大都（河北北京）形成三面包圍形勢。七月二十八日，明軍兵臨北京城下；八月二日，元順帝往北逃至上都（今河北境外，內蒙古多倫），大都降明，元亡。

　　洪武二年（1369），明將常遇春克定開平（今內蒙古多倫附近），元順帝乃又北逃至和林。（順帝於隔年卒）

　　同年七月，遇春率明軍南還，途中暴疾，薨逝於軍次。

　　洪武三年（1370）設立分封諸子藩王制度，以護衛皇京並將皇權擴及於國境大城要邑。元璋二十六子，除皇太子（長子朱標）留京師，第二十六子朱楠早逝外，其餘二十四子孫都陸續分批封王於外，其中以二子秦王

（西安）朱樉，三子晉王（山西）朱棡，四子燕王（北京）朱棣，十七子寧王朱權，十九子谷王朱穗等勢力較強大有名；而燕王朱棣，即是後來發兵南下「靖難之役」成功，使得第二位皇帝，姪子惠帝「不知所終」，而成為明史第三位皇帝的明太宗（成祖）。

同年（三年），舉辦科舉考試。此年，因李善長舉薦，授胡惟庸為中書省參知政事（副相）。

洪武四年（1371），派遣湯和攻下重慶，傅友德平定成都，明玉珍子明昇投降，四川平定。

洪武六年（1373），任胡惟庸為右相，罷汪廣洋相職。

洪武八年（1375）三月，以「謀殺」小明王及僭用龍鳳不法等事，殺功臣廖永忠。

四月，劉基（伯溫）薨逝，或謂宰相胡惟庸以伯溫主意多，立功，而遭怨致忌，惟庸趁劉基老病（65歲），使醫者送藥下毒，未久，即薨逝。

洪武十年（1377），以胡惟庸、汪廣洋分為左、右相。

洪武十二年（1379），右相汪廣洋被下詔賜毒酒而亡。

洪武十三年（1380），丞相胡惟庸被舉發謀反，處死。此案至二十三年，延續十年間，株連共犯致死罪者，達三萬餘人。同年，廢丞相，秦漢以來的宰相制度廢止；罷中書省，隋唐之後的三省（中書、尚書、門下省）制

度罷廢,設吏、戶、禮、兵、刑、工六部,直屬皇帝一人掌管。於是,朱元璋成為國家元首,陸海軍統率,最高行政機關首長,甚且是國家最高立法者,司法審判者(朕即天下,朕就是法律,君要臣死,臣不得不死);成為權力最大,地位最高而達至空前專制獨裁的中央集權大明皇帝。

洪武十四年(1381),功臣儒士宋濂之孫宋慎,因牽連胡惟庸案,死;竟也株連宋濂遠貶蜀(四川)之茂州,旋於途中死亡。

洪武十五年(1382),設立「錦衣衛」,掌皇上侍衛,緝捕、詔獄,為特務偵察機關,枉死者無數。

同年,馬皇后薨逝,得年 51 歲;皇帝痛哭流涕,從此不再立皇后。

洪武十六年(1383),平定雲南後,詔命沐英鎮守雲南。

洪武十七年(1384),頒布科舉定制,於是鄉試、會試、殿(廷、御)試及解元(舉人第一名)、會元(會試第一名)、狀元(殿試第一名)的「三元及第」(連中三元)和殿試分一甲(三名、狀元、榜眼、探花)、二甲、三甲成為常制。(此定制一直延用至清光緒三十一年,1905,科舉考試才罷廢)。

洪武十八年(1385),驅逐元帝的開國功臣徐達薨逝。

洪武二十年(1387),派遣藍玉、馮勝、傅友德三

大將領兵出關，平定東北。

　　洪武二十三年（1390），因牽連「胡惟庸案」共犯，竟將開國宰相功臣李善長賜死，頒布〈昭示奸黨錄〉，布告共犯罪行，前後株連三萬多人。

　　洪武二十五年（1392），皇太子朱標薨逝，旋立十六歲孫朱允炆（朱標子）為皇太孫。

　　同年，功臣周德興因其子以帷薄不修，曖昧情事罪狀，犯法，連坐死。

　　洪武二十六年（1393），大將藍玉以謀反罪嫌遭處死，株連一萬五千人，頒布〈逆臣錄〉，公諸示眾。

　　洪武二十八年（1395），二子秦王朱樉薨逝。大將軍馮勝賜死，「狡兔死，走狗烹；敵國破，謀臣亡」。於是功臣宿將殆盡，至「靖難之役」，竟無大將可用。[2]

　　同年，編頒〈皇明祖訓〉，詔諭今後嗣君不得置丞相，永為遵守。

　　洪武三十一年（1398）二月，三子晉王朱棡薨逝。閏五月，太祖崩逝，享年七十一歲，在位三十一年（1368－1398）。皇太孫朱允炆繼位，是為明惠帝，改元建文。

　　朱元璋從元末至正十二年（1352）投靠郭子興起義抗元於安徽濠州，到至正二十八年（1368）元朝滅亡，先後消滅各地割據羣雄勢力登基即位為明太祖皇帝，在位三十一年（1368－1398）。期間，廢丞相，罷中書省，

2　《明史》，〈藍玉傳〉。趙翼，《廿二史劄記》，卷三十二，〈胡藍之獄〉。吳晗，《朱元璋傳》，頁271。

皇帝獨攬吏、戶、禮、兵、刑、工等六部職權，形成中央集權專制政治；於是有洪武十三年（1380）的「胡惟庸案」與洪武二十六年（1393）的「藍玉案」；再加上皇帝自己個性人格雄猜獨裁，為維護子孫及永續朱姓皇朝命脈勢力，而創發「錦衣衛」特務機關與施行「文字獄」濫殺無辜文士。他從起兵至崩逝，最主要大事約有三項：

一、消滅羣雄割據勢力。

二、興「胡藍之獄」株連濫殺四、五萬人之多的慘案。

三、派遣徐達、常遇春等北伐元廷，「驅逐韃虜，恢復中華」。

第一節　消滅各地割據勢力群雄

以起兵時間先後而言，被朱元璋消滅或降附的，計有方國珍，韓林兒（小明王）暨劉福通，徐壽輝，陳友諒，張士誠，明玉珍等[3]，其中，在江西「鄱陽湖之役」大水戰中，流矢射穿陳友諒眼睛而重傷致死；及派遣徐達、常遇春包圍江蘇平江（蘇州），攻陷張士誠根據地

---

3 參閱陳捷先，《明清史》，頁 6-8。孟森，《明清史講義》，頁18-20，〈元末羣雄史實史傳〉。谷應泰，《明史紀事本末》，卷三至卷七，〈太祖平漢、吳，方國珍降，平閩、兩廣〉。

大本營,俘之,而自縊敗亡;於是,消滅東、西兩大強大勁敵,尤具代表意義。

(一) 方國珍據浙東、海上

至正八年(1348),方國珍聚眾反元於浙江溫州、台州及沿海一帶。至正二十七年,徐達、常遇春統率將兵,攻破張士誠;國珍眼見大勢已定,逃亡浙海;同年,元璋派湯和領軍曉諭,國珍奉表請降,後入朝受官而善終。

(二) 劉福通迎韓林兒割據

元末,白蓮教教主韓山童聚眾起事,劉福通附之;以紅巾作記號,稱「紅巾軍」;元廷捕捉山童。至正十五年,福通迎立山童之子韓林兒於安徽亳州(與河南交界),即位稱「小明王」,建元龍鳳。因宗教信仰與反元民族意識,產生力量,群眾盛大。郭子興起義興兵呼應,亦稱「紅軍」,而朱元璋也奉龍鳳年號,由「小明王」派令為起義軍左副元帥。至正二十三年,張士誠派遣將兵殺劉福通,「小明王」被朱元璋迎護居住安徽滁州。

(三) 徐壽輝起兵湖北稱帝

至正十一年(1351),徐壽輝起兵於湖北蘄水、黃州(在武漢東南),稱帝,旋遷都漢陽,擴充勢力。至正二十年(1360),壽輝被其部將陳友諒殺害,取而代之。

(四) 陳友諒根據武昌稱帝

　　友諒是湖北人，初為徐壽輝部下；至正二十年，殺其主徐壽輝而稱帝，國號漢。勢力強盛時，據有湖北、湖南、江西等地。至正二十三年（1363），與朱元璋大水戰於江西「鄱陽湖之役」，友諒艦大運轉不靈，元璋以機動小船羣攻，友諒被流矢射中眼睛，重傷流血敗亡。其子陳理北奔逃回武昌，後投降元璋。元璋既敗西邊勁敵友諒，勢力大增強盛，於是稱號「吳王」。

（五）張士誠據江蘇泰州、高郵

　　士誠，江蘇泰州人，以行舟運鹽為業。至正十四年，糾聚鹽丁起事，據領泰州、高郵，自稱「誠王」。至正十六年，士誠又向東南，攻下江蘇水鄉澤國富庶地區平江（今蘇州）；領土乃與元璋接壤衝突；至正二十三年，士誠勢力已成元璋強敵；而漸放縱奢侈，荒怠政事。元璋乃在消滅陳友諒之後，轉而東向攻伐張士誠；至正二十五年（1365），派徐達攻取泰州、高郵；二十六年，又連下蘇北淮安、宿州、徐州；於是，在至正二十七年（1367），元璋派遣徐達、常遇春兩大將進攻包圍蘇南，攻陷張士誠長久的根據地大本營平江（蘇州），士誠被俘而亡。

（六）明玉珍據領蜀（四川）

　　明玉珍原為徐壽輝部將，至正十七年，壽輝諭令他由湖北攻略重慶、成都；二十年，陳友諒殺害徐壽輝而自立門戶；玉珍不服陳友諒，也在四川自立，稱「隴蜀王」；二十二年，於重慶稱帝，唯派使通好朱元璋。二

十六年病死，其子明昇嗣立。

　　至於朱元璋，在至正二十三年消滅西邊勁敵陳友諒，遂稱「吳王」；二十五年至二十七年，又攻滅東邊富庶強敵張士誠；旋派湯和、廖永忠南定福建、廣東；又遣徐達、常遇春北伐成功，驅逐韃虜元朝，恢復中華；至正二十八年（1368），元璋受李善長等元勛羣臣擁戴，登基即皇帝位，定都應天府（南京），國號明，建元洪武，是為明太祖。

　　谷應泰《明史紀事本末》卷一〈太祖起兵〉讚曰：

　　　　明太祖有徐達、湯和、李善長、常遇春、廖永忠等一時功臣，人傑如棋布，帷幄善謀，汗馬著烈，人材良足多也。

第二節　興「胡藍之獄」謀殺　胡惟庸、藍玉

　　「胡藍之獄」是指明太祖朱元璋分別於洪武十三年（1380）及二十六年（1393）因丞相胡惟庸、涼國公藍玉之謀反罪嫌而給予處死的有名重大獄案。

　　胡惟庸，（安徽）定遠人，初從朱元璋起義，歷任主簿、知縣、通判官職；洪武三年（1370）因丞相李善長推薦，高升為中書省參知政事（副相），又於六年至

十三年，擔任丞相，位居一人之下，萬人之上。曲謹以侍皇上，寵遇日盛；為相日久，剛愎自負樹黨，掌升降生殺大權，或不上奏而逕行，攬權枉法，門生、同僚、故舊無數，黨同伐異，隱然暗結形成一股強大權勢力量。

　　且相權與皇權之權限劃分，原本就不明確而有灰色地帶；於是與天子皇權產生摩擦衝突，有所杆隔。丞相之權勢不斷擴展膨脹放大，自然讓專制獨裁的皇權感受威脅日深；加上皇帝內廷與丞相外朝之兩方，各為其主而相對立；於是丞相滋生野心陰謀，功高震主，太祖皇帝終於在洪武十三年，以「擅權枉法」謀反罪名，誅殺胡惟庸，並株連御史大夫陳寧、中丞涂節等。

　　此謀反獄案，牽連廣遠，至洪武二十三年，逆謀坐誅者，達三萬餘人。皇帝大怒其共謀不軌，更使作〈昭示奸黨錄〉，條列姓名罪狀，布告天下，公諸警惕戒慎。[4]

　　藍玉，（安徽）定遠人，「開平王」常遇春內弟；初從遇春軍帳，勇敢善戰，所向連捷；遇春乃讚薦於元璋太祖；於是追從傅友德、沐英、馮勝等大將，得顯其勇略俊才，多立有大功，奏捷至京師，帝大喜，寵遇更厚，比之漢代衛青將才，進至涼國公。

　　於是乃驕縱自行，恃功乘勢橫暴，強占民田，擅權

---

4 《明史‧列傳》，〈奸臣胡惟庸傳〉。

升降校將，自專傲慢，遭帝切責訓斥，引發猜忌。

洪武二十六年二月，錦衣衛指揮蔣瓛奏告藍玉謀反，旋遭誅殺；更興大獄而連坐誅滅者一萬五千餘人。帝詔條列姓名為〈逆臣錄〉，公諸布告天下；於是元功宿將相繼盡矣。[5]

明末清初史學家談遷（1594～1658）於其著作《國榷》卷十（太祖洪武二十六年）記載藍玉逆謀獄案概謂：

> 涼國公藍玉謀大逆，族誅。藍玉，定遠人，以常遇春婦弟，勇敢善戰，所向有功。既貴，狠愎不學，在軍中擅升拔將校，出入乘勢漁獵，占民田，匿馳馬珍珠無算……錦衣衛指揮蔣瓛奏聞，廷鞫下獄，磔於市，凡諸功臣文武大吏以至偏裨將卒，坐黨論死者，近二萬人。

清乾嘉時代大史學家趙翼於其名著《廿二史箚記》記載〈胡藍之獄〉，尤為詳明：

> 明太祖藉諸功臣以取天下，及天下既定，即盡取天下之人而盡殺之，其殘忍實千古所未有。蓋雄猜好殺本其天性……明祖天下大定則年已六十餘，懿文太子〔長子朱標〕又柔仁，懿文死，孫〔即

---

5 《明史‧列傳》，〈藍玉傳〉。

後之明惠帝〕更孱弱，遂不得不為身後之慮。是以兩興大獄，一網打盡，此可以推見其心迹也。胡惟庸之死在洪武十三年，同誅者陳寧、涂節數人。至胡黨之獄則在二十三年，借惟庸為題，使獄詞牽連李善長、宋濂之孫宋慎諸人。胡黨既誅，猶以為未盡，則二十六年又興藍黨之獄，坐藍黨而死者，傅友德等，於是諸功臣宿將始盡。胡獄有〈昭示奸黨錄〉，族誅至三萬餘人；藍獄有〈逆臣錄〉，誅至萬五千餘人。

第三節　徐達、常遇春北伐
驅逐韃虜恢復中華

徐達（1332－1385），（安徽）濠州人，與明太祖朱元璋為同鄉，太祖初從郭子興興兵起義，徐達即追隨元璋，一見如故，契合。

常遇春（1330－1369），安徽懷遠（鄰近濠州鳳陽）人。與徐達皆出生於元末政治腐敗、社會動亂、民不聊生的時代，因緣際會，地緣關係，也投奔參加朱元璋的紅巾軍起義陣營。

朱元璋勢力漸壯大，審時度勢，決意渡江攻取集慶（今南京）作為大本營根據地，諭令常遇春與徐達擔任渡江前鋒，「達與遇春皆為軍鋒冠」（《明史·徐達常

遇春傳》）。

元璋率領徐達、常遇春等拔采石（磯）、取太平（安徽當塗），旋於至正十六年（1356），攻克集慶，改名應天府；元璋自稱「吳國公」，授徐達為大將，帥領常遇春等將兵軍隊。

至正二十一年（1361），朱元璋率領徐達、常遇春等，從（江蘇）集慶經安徽，往西南攻伐盤據江西北部（九江、湖口、盧州、南昌一帶）的精銳勁敵陳友諒。二十三年（1363），水火交攻大戰於「鄱陽湖之役」，已尋知可破敵，然慮張士誠北犯，夜遣徐達回守應天。友諒被元璋吳軍流矢射中眼睛，重傷死，驚駭餘眾往北殘逃武昌。

友諒全軍覆沒，敗亡；元璋吳軍大勝，凱旋，自號吳「王」，以徐達為左相國。

西邊勁敵陳友諒既剪除攻滅，乃循預定策略，諭令徐達與常遇春攻克平定蘇北泰州、高郵、淮安、徐州，大勝，還師集慶應天。

於是，太祖乃議策南討富強地帶的張士誠大本營根據地平江（蘇州）。

諭授徐達為大將軍、常遇春為副將軍，帥領舟師二十萬南下，從太湖進圍平江。

至正二十七年（1367），兵臨平江城下，攻破，張士誠被俘，執送應天，敗亡；至是，西與東（南）兩大強敵皆滅。

　　於是，依已訂戰略，兵鋒指向元廷；不忘起義初衷，即欲北伐，「驅逐韃虜，恢復中華」。

　　是時，眾稱堪戰名將，皆推徐達與常遇春；吳王元璋乃拜授徐達為征「虜」大將軍，而遇春為副大將軍，統率步騎將兵二十五萬人，先克定中原再北伐。

　　太祖諭令諸將騎兵，進取大方略為先討平山東、河南、（陝西）潼關，對北方元廷形成三面包圍弧弓態勢，然後集結矢向元虜，一舉消滅。

　　徐達與遇春遵循謀略，勇敢前進；蘇北出境，即克沂州、莒縣、密州、膠東州縣、濰（坊）、濟寧，元軍濟南守將投降，旋分兵取下登州、萊州沿海，平定山東。

　　此刻為元順帝至正二十七年（1367）與二十八年交接時間。

　　同年（1368）元月，看出就將消滅元廷，勝利在望，以李善長為首的文臣謀士，乃推戴吳王元璋即皇帝位，元璋再三謙讓，如歷代帝王故事，善長又進言以社稷國家為重，遂登基即位為皇帝，是為明太祖；以李善長、徐達為左、右丞相。

　　北伐一直繼續，依太祖通盤策略方向，征虜大將軍徐達與副將軍常遇春由山東西南濟寧渡過黃河，西向汴梁（開封）、洛陽、陝縣，攻陷河南。再西進，遂克（陝西）潼關。

　　捷報傳入應天（南京），帝大喜，即刻巡幸汴梁，召集徐達至行在所地，置酒慰勞嘉賞，順且謀定北伐元

廷。

於是引兵向北，遇春「驃急敢深入」，領兵控扼直沽，旋進克大都（北京）郊區通州。

元順帝大為驚駭，即帥后妃太子倉惶逃遁北去。

元順帝至正二十八年，即明太祖洪武元年（1368）七月二十八日，徐達與常遇春所領明軍，兵臨大都（北京）城下；八月二日，進入宮廷，元朝滅亡；元璋太祖當年「驅逐韃虜恢復中華」初心信念，終於在功臣愛將徐達與常遇春手中達成。

明太祖在中國史上的功過，歷來亦爭論不一；茲謹以歷經六十年，自康熙十八年（1679）至乾隆四年（1739），由萬斯同、王鴻緒、張廷玉三朝的文臣史學家嚴謹編修的正史《明史》而言[6]，其〈太祖本紀〉讚揚概謂：

> 帝天授智勇，統一方夏，緯武經文，為漢、唐、宋諸君所未及。當其肇造之初，沈機觀變，次第經略，綽有成算。嘗與諸臣論取天下之略。渡江以來，觀羣雄所為，徒為生民之患，而張士誠、陳友諒尤為巨蠹；士誠恃富，友諒恃強；二寇既除，北定中原，先山東，次河洛，止潼關。燕都既舉，然後西征，雄才大略，料敵制勝，故能戡定禍亂，以有天下。贊曰：太祖以聰明神武之資，

---

6 金靜庵，《中國史學史》，頁 135。王樹民，《史部要籍解題》，頁 129。世界書局編輯，《二十五史述要》，頁 282。

崛起布衣，乘時應運，豪傑景〔影〕從，戡亂摧強，而成帝業。

第八章　明成祖（太宗）朱棣

　　明成祖朱棣，是明太祖朱元璋第四子，生於元末至正二十年（1360），崩逝於永樂二十二年（1424），享年六十五歲。

　　他在父皇洪武三年（1370），被封為燕王，至洪武十三年（1380），始就藩北平（今北京）。

　　洪武三十一年（1398）太祖崩逝，皇太孫朱允炆嗣位。（因太祖皇太子朱標之長子朱雄英早逝，年僅八歲；而太子朱標也在太祖洪武二十五年薨逝，故由朱標第二子允炆嗣位為皇太子；至洪武三十一年，太祖崩逝，乃由皇孫允炆嗣位，是為明惠帝，改元為建文元年）。

　　惠帝即位之初，重用兵部尚書齊泰與太常卿兼翰林院學士黃子澄同參軍國大事，謀策定議「削藩」，以鞏固皇權。

　　因惠帝已削廢五藩國，燕王朱棣不安，乃於建文元年（1399）七月，接納僧人謀士道衍（俗名姚廣孝）之密計謀略，用太祖《皇明祖訓》家法〈慎國政〉（訓誡後代皇帝「不偏聽偏信，以防奸臣壅蔽」）而起兵自北平（燕），欲「清君側，誅奸臣」而奉天靖難，號稱「靖

難」之師，終南下直趨京師南京。

　　至建文四年（1402）六月十三日，足足三年「靖難」之役，燕王朱棣領導燕軍將兵攻入京師「金川門」，宮內起火，惠帝「不知所終」。

　　燕王朱棣旋登基即位，改元永樂元年（1403），取天下「永」久安「樂」之意；在位二十二年，於永樂二十二年（1424）第五次親征蒙古韃靼，班師回朝途中病重，崩逝於榆木川（今內蒙古多倫），廟號「太宗」，至後代子孫明世宗嘉靖十七年（1538）九月，「改上廟號成祖」[1]，後世遂稱之明「成祖」而少用「太宗」，惟其實錄仍稱為《明太宗實錄》。

　　以下謹先扼要概述朱棣成祖一生行誼大事記：[2]

　　元至正二十年（1360），出生於應天府（今南京）。

　　至正二十八年（即明洪武元年，1368），吳王朱元璋稱帝，是為明太祖，國號（大）明，建元洪武。立長子朱標（朱棣大哥）為皇太子，徐達與常遇春攻下元廷大都（北京），元順帝北遁，元璋起兵初衷「驅逐韃虜，恢復中華」信念，終於在他所親點派遣的兩位大將手中完成。

　　洪武三年（1370），太祖皇帝分封諸王於國內大城

1　《明史》，〈成祖本紀〉。
2　合參併閱商傳，《永樂大帝》，附錄〈朱棣年表〉。雷敦淵、楊士朋，《用年表讀通中國歷史》，頁 260-266。華世出版社，《中國歷史大事年表》，頁 353-358。

要邑，欲防邊關而鞏固大明朝廷基礎勢力並延續永世國祚皇朝；朱棣受封為燕（北京）王。

洪武七年（1374），皇太子朱標長子朱雄英出生。

洪武九年（1376），冊封魏國公徐達長女為燕王妃（燕王後來稱帝，升封為皇后；亦即，徐達為朱棣之岳父）。

洪武十三年（1380），燕王朱棣率領護衛軍就藩北平。

洪武十五年（1382），馬皇后生病崩逝，燕王南下奔喪回京師（南京）；皇上遴選高僧陪侍諸王，唸經為皇后祈福迴向；道衍高僧遂得薦而從燕王至藩國北平。同年，皇太子朱標長子朱雄英（即太祖皇長孫）病逝，年僅八歲。

洪武十八年（1385），燕王妃之父魏國公徐達病薨。

洪武二十五年（1392），皇太子朱標薨逝，立朱標第二子朱允炆為皇太孫（即日後嗣位之明惠帝）。

洪武二十八年（1395），太祖二子（朱棣二哥）秦（西安）王朱樉病薨。同年，太祖頒布《皇明祖訓》。

洪武三十一年（1398）三月，太祖三子（朱棣三哥）晉（太原）王病薨。閏五月，太祖朱元璋崩逝，皇太孫朱允炆（燕王朱棣侄子）即位為明惠帝，改元建文。以齊泰為兵部尚書，黃子澄為太常卿兼翰林院學士，同參軍國大事機務，議謀獻策「削藩」以免形成尾大不掉之形勢，來護衛新上任而年幼之皇帝朝廷。

　　建文元年（1399）七月，燕王因「奸臣」齊泰、黃子澄的「削藩」謀策被惠帝許可施行，乃援引太祖〈皇明祖訓〉，以「清君側，誅奸臣」南下奉天「靖難」。

　　明軍與燕軍不停來往交戰，互有勝負，至建文三年（1401）底，燕王謀士道衍和尚建議一股作氣直撲京師南京。

　　建文四年（1403）六月，燕師渡過長江，十三日，谷王朱穗（燕王弟）、李景隆將軍一看燕師大軍撲來氣勢，知大勢已定，乃打開進入京師的金川門迎納燕軍降附。

　　燕王入皇京，惠帝「不知所終」。即刻榜示捉拿齊泰、黃子澄、方孝儒、鐵鉉、陳迪、景清等不附奸臣，誅殺牽連甚多，殺戮處死極為慘烈，尤其是誅殺連坐方孝儒「十族」（九族及朋友門生一族）計八百七十三人[3]，與誅連御史大夫景清的「瓜蔓抄」悲慘案件[4]。

　　永樂元年（1403），成祖論功犒賞提供宮內空虛而不堅實情報的有功內官宦者，首開明代寵用宦官握權之始。

　　永樂二年（1404），以長子朱高熾為皇太子（即後之明仁宗）。

　　永樂三年（1405），派宦官鄭和第一次出使下「西洋」。

3　谷應泰，《明史紀事本末》，卷十八，〈壬午殉難〉。
4　《明史》，〈景清傳〉。

永樂五年（1407），七月，皇后徐氏崩逝。十一月，《永樂大典》大套書籍完成，隔年，心腹謀士道衍（已復姚姓，皇上賜名廣孝）上表「謹成卷帙，呈上觀覽，曰之《永樂大典》」。

永樂六年（1408），派遣鄭和第二次下「西洋」。

永樂九年（1411），立長孫朱瞻基為皇太孫（後之宣宗）。

永樂十年（1412），詔命鄭和第三次下「西洋」。

永樂十三年（1415），文臣解縉（1369－1415）前因入京奏事，適皇帝出巡不在京師，私謁太子，或謂介入皇子爭位，以「無人臣禮」而下詔獄；後遭錦衣衛帥紀綱揣摩上意，「遂醉縉酒，埋積雪中，立死，年四十七。」[5]

永樂十四年（1416），派令鄭和第四次下「西洋」。

永樂十六年（1418），太子少師、《永樂大典》主編姚廣孝薨逝，享年八十四歲（1335－1418）。

永樂十八年（1420），成祖設立由內監宦官統領的「東廠」機構。同年，北京宮殿完成，皇帝下詔即時遷都。

永樂十九年（1421），遷都至北京，原京師稱作南京。派遣鄭和第五次下「西洋」。

永樂二十二年（1424）正月，詔令鄭和第六次下「西

---

5 《明史·列傳》，〈解縉傳〉。

洋」。四月，成祖第五度親征蒙古韃靼，班師回朝生病不豫；七月，崩逝於途中榆木川（今內蒙古多倫附近），諭詔皇太子朱高熾嗣位，是為明仁宗。

明太宗（成祖）享壽六十五歲（1360－1424），十二月，葬於長陵。

燕王在「靖難」之役成功，旋即位稱帝，在位二十二年，於此期間，朱棣至少有三件大事影響當世及後代者：一、「靖難之變」，二、纂編《永樂大典》，三、派遣鄭和下「西洋」。

第一節　靖難之變

明太祖朱元璋因首都應天南京偏在東南，懼怕功臣武將掌控鎮守邊關重兵，重演異姓藩鎮之禍害，乃於創國之初的洪武三年，選擇國境名城大邑或軍事險要之地（如北京、太原、西安等），行封建，分封諸子孫稱王控邊，節制邊將權勢，擴延皇朝勢力至全國各地，以鞏固永世基業，垂諸長遠。

以其中四子朱棣封國燕王就藩北京而言，邊疆將吏馮勝、傅友德軍權就受燕王節制；而大明開國元勛徐達（朱棣燕王岳父）即奉太祖詔令鎮邊北平，燕王得與跟隨學習兵法戰略，加上獻策謀士道衍和尚（姚廣孝）之「知天道」與隨侍相士、卜者之進勸興兵南下，靖難以

誅奸臣齊泰、黃子澄之獻議「削藩」離間；更且，因惠帝本性「寬大仁厚」（明史・惠帝本紀）、「孱弱未決」（明史・成祖本紀）；而燕王「智勇有大略，能推誠任人，威名大振」（成祖本紀），於是乃興兵起事，發動「靖難之師」，南下直趨皇都南京，「都城陷，宮中火起，帝不知所終」（明史・惠帝本紀）；「諸王羣臣乃上表勸進，燕王謁〔太祖〕孝陵，羣臣迎呼萬歲，燕王升詣奉天殿即皇帝位」（成祖本紀）。

　　據傳，洪武二十五年（1392）皇太子朱標（太祖長子）薨逝，準備立朱標二子朱允炆為皇太孫之際，太祖有感於孫子年幼而個性優柔懦弱，很是擔心遲疑。有一天，在宮禁觀看皇室打獵遊樂，太祖皇帝見一匹馬疾馳飛跑而過，隨口吟出「風吹馬尾千條線」，即要皇孫對句；允炆對之「雨打羊毛一片膻」，雖然以「風吹雨打」、「馬尾羊毛」、「千條一片」對仗不錯，但太祖心中卻感覺以羊對馬，氣勢差多而不夠豪情壯志，遂頓時默然不語，臉色低沈。

　　此時，在旁陪侍父皇的四子朱棣燕王，打破沈默，向父皇太祖奏對「日照龍鱗萬點金」，皇帝一聽，立即樂得笑逐顏開，連聲誇讚：對得好，對得佳！

　　由此知見，叔、侄的氣勢魄力立分高下，更看得出燕王的雄藩氣盛，深謀野心。

　　而就在允炆惠帝偏聽偏信「奸臣」齊泰、黃子澄而準備也一併「削藩」燕王時，南京都城據說有一位奇異

道士忽然邊走邊唱：

莫逐燕，逐燕燕高飛，高飛上帝畿。[6]

總之，年幼的侄子允炆惠帝剛嗣立繼承皇位，而諸叔父藩王各擁重兵，此刻朝廷陷於孤立危險之中。

新皇朝面對諸叔藩王稱據重地，或僭謀不軌不法情事，甚至覬覦窺伺俟謀大位。

於是，皇上惠帝採行齊泰、黃子澄策議，進行「削藩」。

至此，燕王不安，密與僧人謀士道衍謀議，乃上書皇上，直指齊泰、黃子澄為奸臣，且援引太祖《皇明祖訓》「朝無正臣，內有奸惡，則親王統領鎮兵討平之」，遂於北平舉兵南下，稱之「靖難之師」。

「靖難之役」從建文元年七月興兵舉師，至四年六月十三日攻陷皇都南京，計時足足三年。起初，燕師為顧及根據地大本營北京不被明軍攻陷奪去，於是南下又北返幾次，瞻前顧後；兩軍南北來來去去，而勝敗乃兵家常事，雙方遂僵持很久。

一直至戰役末期的建文三年十一月，有明廷宦官被罷黜者來奔燕營，向燕王報告皇都京師空虛，可以進取攻陷，燕王乃決意「要當臨江一決，不復返顧矣」（明史‧成祖本紀）。遂復出師南下，直趨南京，靖難成功。

建文元年七月，〔燕王〕上書天子指（齊）泰、（黃）

6 谷應泰，《明史紀事本末》，卷十六，〈燕王起兵〉。

子澄為奸臣，並援〈（皇明）祖訓〉「朝內有奸臣，則親王統領鎮兵討平」，遂舉兵，稱其師曰「靖難」。旋拔居庸關、破懷來，取密雲、克遵化，眾至數萬。八月，天子以耿炳文為大將軍，帥師致討，削燕屬籍。天子詔曰：今燕兵搆亂，圖危宗社，義不容赦，是用簡發大兵致罰掃逆。耿炳文初與燕兵戰，敗退；皇上以李景隆代替，為征虜大將軍。十一月，李景隆與燕兵戰，敗退，南奔德州，諸軍盡潰。二年五月，景隆又敗，南奔濟南。燕兵乃攻濟南，再敗景隆明軍，兵臨城下。唯鐵鉉盛庸堅守，八月，擊退燕兵，濟南解圍，又復德州。九月，帝封盛庸為歷城侯，擢升鐵鉉為山東布政使，參贊軍務，尋進升兵部尚書。以盛庸代替李景隆，為平燕將軍。建文三年五月，燕軍略沛縣、掠彰德。冬十一月，燕王稱兵近三年，燕兵與朝廷明軍來去爭逐，無可奈何！忽有明廷中官〔宦官〕被黜者來奔，具言京師空虛可取狀況。燕王乃慨然曰：頻年用兵，何時已乎？要當至臨江一決，不復返顧矣。十二月，復出師。建文四年正月，渡黃河，攻占徐州、盱貽、揚州，駐軍（長）江北。天子遣使至燕軍中，以割地求和，燕王不聽。六月，江防都督僉事以舟叛明，降附燕王。旋自瓜州〔鎮江稍北〕渡江，盛庸以海艘迎戰，失敗。燕王攻下鎮江。天子復遣大臣議割地求和，諸王（兄弟）繼至，燕王皆不聽。六月十三日，至皇都南京金川門，谷王朱穗、李景隆叛明，開門接納燕王迎降，都城陷。宮中火起，帝不知所終。旋大

索齊泰、黃子澄、方孝儒等〔不降附〕五十餘人，榜其姓名曰奸臣。諸王羣臣上表勸進，燕王詣奉天殿即皇帝位。尋殺齊泰、黃子澄、方孝儒，並夷其族；連坐奸人死者甚眾。

第二節　永樂大典

《永樂大典》是明初永樂年間，由成祖朱棣詔令文臣士子編纂的一部類似百科全書之大部頭類書。

永樂元年（1403）七月一日，成祖詔旨翰林侍讀學士解縉等人，諭示皇上有意編纂超大部頭書籍動念：

> 天下古今事物，散載諸書，篇帙浩穰，不易檢閱，朕欲悉採各書所載事務類聚，庶幾考索之便，如探囊取物；爾等期如朕意，凡書契以來經、史、子、集百家之書，至於天文、地志、陰陽、醫卜、僧道、技藝之言，備輯為一書，毋厭浩繁[7]。

解縉等人奉諭領旨，編纂進展頗快，永樂二年（1404）十一月，纂就成書呈上，帝初賜書名「文獻大成」。

唯因此書修纂急快，人手只一四七位，皇帝翻閱之

---

7 《明太宗〔成祖〕實錄》，卷二十一，永樂元年七月一日。

後，旋感不符己意，立即要求重修，擴充網羅典籍以完備全書內容。

於是，皇上敦請謀士國師年已七十的太子少師姚廣孝（道衍和尚）領銜和刑部侍郎劉季箎與解縉共同監修。

以國子監祭酒胡儼、洗馬〔官名〕楊溥、布衣儒士陳濟等人任總裁；翰林侍講鄒緝、修撰吳溥等為副總裁；簡選宿學老儒任編修，國子監及府郡、縣學生員為繕寫；動員近二千二百人，開館文淵閣以重修。[8]

皇帝勉勵說道：「閱書有益，凡人遺留子孫者，常在多積金玉；唯朕欲留子孫者，思乃於積書；金玉之利一時，有限；而書籍留傳之利，長遠無窮也」。

經過三年，動員增人至近三千位之「三千文士修大典」終於永樂五年（1407）十一月，重修編纂完成，共一萬一千零九十五冊巨帙，上呈皇帝。[9]

太宗（成祖）滿意，即親作〈御製永樂大典序〉，冠於書首：

> 朕惟昔者聖王之治天下也，修禮樂而明教化人
> 文……洪維我太祖高皇帝膺受天命，同乎聖帝明
> 王之道。朕嗣承鴻基，緬思纘述，所以序百王之
> 傳，總歷代之典，乃命文學之臣纂集，上自古初
> 迄於當世，旁搜博采，著為奧典，始於元年之秋，

8　《明太宗實錄》，卷三十六，永樂二年十一月。
9　《明太宗實錄》，卷七十三，永樂五年十一月。

而成於五年之冬，名之曰《永樂大典》，臣下請
序其首。朕深潛聖道，志在斯文，姑述其概，以
冠諸篇，將以垂示無窮。[10]

同時，此《永樂大典》之監修總其成的文臣姚廣孝
也一併進表上呈皇帝：

太子少師臣姚廣孝等誠惶誠恐頓首上言……恭惟
皇帝陛下聰明睿智仁聖文武受天命而坐明堂，合
古今而集大成，敕遣使臣博采四方之籍，禮招儒
彥，蒐羅百氏之言，名山所藏，金匱所紀，而成
冠古超今之作，煥乎經天緯地之文。臣廣孝等，
學本庸疏，材非通敏，忝預編摩之任，叨蒙眷遇
之恩，謹成卷帙，謹繕寫成《永樂大典》，裝潢
成一萬一千九十五冊，隨表上進以聞，無任瞻天
仰聖之至。永樂六年　太子少師姚廣孝等謹上
表。[11]

此巨帙《永樂大典》之編纂成就，可謂明成祖對中
華歷史文化之一大貢獻。

唯茲包羅萬象類似百科全書之大典，因工程浩大，
一直只有當初繕寫的「正本」一部，原收藏在皇都南京
文淵閣，至永樂十九年（1421）遷都，才搬運至北平。

---

10 《永樂大典》，〈御製永樂大典序〉。
11 《永樂大典》，〈進永樂大典表〉。

　　到成祖後代子孫明世宗皇帝嘉靖四十一年(1562)，因宮殿大火，所幸搶救得宜，未有波及；卻也讓嘉靖皇帝思及，即應抄寫謄錄而有「副本」，花了五年，至世宗嗣子穆宗元年（1567）終於完成。

　　話說典藏保存經籍圖書，最需注意而憂心害怕書籍燬壞者，約有四項：一、兵火燒燬，二、水災浸泡，三、燭火傾倒焚燬，四、蠹蟲蛀壞。

　　尤以第一項兵火為最，在中國史上帝制時代以來，遭受戰亂兵火燒燬的，至少有秦火（秦始皇焚書咸陽），東漢末年董卓兵亂縱火焚掠皇都洛陽，唐代天寶末年，安祿山叛亂，火燒虜掠洛陽、長安兩京，北宋末年，金兵入侵汴京開封，擄走徽、欽二帝北去，京城書籍文物焚之一空，明末李自成攻陷北京，旋有清軍入關趨京，縱火擄掠書籍文物。

　　而《永樂大典》也遭厄運，先遇清咸豐、同治年間的「太平天國」兵火動亂（1851～1864）；繼之，為咸豐十年（1860）的「英法聯軍」兵火入侵北京；更有光緒二十六年（1900）的「八國聯軍」兵火侵入皇都北京；皆受大量焚燒燬損，或被外國人盜運載回其國，或遺失而為不肖人士私自收藏或賣掉給識貨的珍本善書買賣家古董商等，是為《永樂大典》之浩劫。

　　民國五十一年（1962），文化大學楊家駱教授，曾奉獻心力，點校影印《永樂大典》一百冊，此或吾人現今在國內大圖書館及較著名悠久的大學圖書館內，所能

見及閱覽參考引用者，其對《永樂大典》之保存與文化的推廣，貢獻很大心力。[12]

　　當代著名圖書館學者，文獻目錄專家，曾任清華、北大圖書館主任及服務於美國國會圖書館的袁同禮（1895～1965）先生，曾到歐美等國參訪考察各國大圖書館，並撰寫〈永樂大典考〉一文；依其所見所聞，和以其世界級身分地位的聯繫查考，《永樂大典》散存於中國北京圖書館、上海東方圖書館及美國國會圖書館、日本東洋文庫、大英博物館、牛津大學為較多；較少冊者分散於美國康乃爾大學，英國劍橋大學與漢學家翟理斯（H. A. Giles）教授，德國漢堡與來比錫大學，日本東京（帝國）大學及京都、大阪府立圖書館等地。[13]

第三節　鄭和三寶太監下西洋

　　鄭和（1371－1435，享年 65 歲），本姓馬，雲南昆陽（今昆明晉寧）人，先世信仰伊斯蘭回教；明太祖洪武十五年（1382），遣沐英將軍等平服雲南。馬和因父親逝世，家計困苦，十二歲的馬和被明軍帶回北上；初

---

12 王德毅，〈重編影印永樂大典敘錄〉，大化書局，《重編影印永樂大典》，頁 15。

13 袁同禮，《永樂大典考》，同上註 12，《重編影印永樂大典》。郭伯恭，《永樂大典考》，頁 169，〈國內外現存大典數目表〉。

任燕王朱棣藩邸勞役侍童。後追隨燕王南下「靖難」之役，有功，得燕王信任，為親侍；旋燕王即位稱帝，被升擢為內官太監，賜姓鄭，而稱鄭和。

永樂三年，禮部尚書兼大學士李至剛所撰鄭和父親「故馬公墓誌銘」為研究鄭和重要碑文史料：

> 公字哈只，姓馬氏，世為雲南昆陽人……子男二人，長〔子〕文銘，次〔子〕和。和自幼有才志，事今天子，賜姓鄭，為內官太監。

鄭和後又因太子少師姚廣孝（道衍和尚）引領受戒皈依佛教，於是以有回、佛兩大教徒身份，竟有助利其七下西洋，為期二十八年，經歷過訪印尼、阿拉伯（回教國家）、暹羅、印度、錫蘭（佛教國家）的神聖任務使命。

按，當時所謂「西洋」，蓋指今日南洋以西者稱之。又，佛釋以佛、法、僧為「三寶」，世人乃尊稱鄭和為「三寶（保）太監」。

明成祖親點詔令鄭和下西洋的緣由目的大約有三項：

一、尋找建文皇帝蹤跡（《明史・鄭和傳》：成祖疑惠帝亡海外，欲蹤跡之）。

二、宣示中國富有強盛，稱耀異域（〈鄭和傳〉：且欲耀兵異域，示中國富強）。

三、將使海外，宣詔朝貢，互贈貴重寶物跨示（〈鄭
　　和傳〉：宣天子詔賜諸「番國」君長，遠來朝
　　貢寶物，不可勝計，將命海表，以誇外番）。

　　第一次詔下西洋在成祖永樂三年（1405）六月，以
鄭和為正使，王景弘太監為副使，率領「寶船」六十二
艘，成員二萬七千八百餘人（有軍備都指揮、千戶、百
戶將校，醫官、醫士，舵手、水手、下錨人員，天象氣
候測量專業等航海技術人員，通辦翻譯員，回教佛教溝
通人士等）。

　　從皇都南京而太倉劉家河港出海，浩浩蕩蕩南下，
依傍東南沿海至福建閩江河口長樂港，於此等候季節順
風，再揚帆放洋，首站抵達占城（屬今越南）。

　　之後，又在成祖永樂六、十、十四、十九、二十二
年，而先有六次下西洋；在第六次回朝南京時，始知成
祖皇上已晏駕崩逝。

　　嗣位的仁宗（成祖長子）皇帝，以龐大艦隊過於耗
費公帑，財政負擔鉅大，勞民傷財，而罷「寶洋」再出
洋；乃以鄭和守備南京。唯仁宗朱高熾皇祚短，僅洪熙
一年即駕崩。

　　又嗣位的宣宗朱瞻基（仁宗長子），以「皇祚歲久，
而諸番國遠者猶未朝貢」，於是在宣德五年（1430）六
月至八年（1433）七月，詔令鄭和、王景弘正、副使節，
奉命出海，而有第七次的下西洋。

　　總計鄭和正使及其所率領的船艦團隊之「七次下西

洋」使命任務，大要巡訪徧歷國家、地區概有：占城（屬今越南），渤尼（Brunei，今文萊），爪哇（Java）、舊港（Palembang，巴鄰傍，今巨港）、滿剌加（Malacca，麻六甲）、蘇門答臘（Sumatra），屬今印尼；真臘（Camboja，今柬埔寨），暹羅（Siam，今泰國），榜葛剌（Bengala，今孟加拉）、錫蘭（Ceylon，今斯里蘭卡），古里（今印度西南）、溜山洋國（Maldives，馬爾代夫），忽魯謨斯（Hormuz，屬今伊朗南部），阿丹（Aden，紅海南出口，今葉門亞丁），天方（Mecca，今阿拉伯麥加），木骨都束（Megadoshu，屬今東非索馬利亞）等。[14]

亦即，鄭和七下西洋團隊，歷訪橫跨太平洋南海、麻六甲海峽、泰國曼谷灣、孟加拉灣、印度洋、阿拉伯海、波斯灣、紅海、東非等地。

此航海空前未有壯舉（1405－1433），比葡萄牙人狄亞士（Diaz）在 1488 年發現「好望角」；義大利人哥倫布（Columbus）於 1492 年地理大發現「美洲」；葡萄牙人達伽瑪（Da Gama）在 1498 年繞過大西洋抵達印度洋印度；及葡萄牙人麥哲倫（Magellan）於 1519－1521年環繞地球一周的探險海航，先前提早有 83 年至 116年之久；由此可以知見鄭和是人類歷史上的偉大探險航

---

14 依據《明史》，卷 304，〈鄭和傳〉。梁啟超，〈中國大航海家鄭和傳〉，《飲冰室文集》，頁 60-66。向達，《校注璺珍西洋番國志》，附錄三，〈星槎勝覽瀛海勝覽西洋番國志訪地今名〉。

海家，也是世人航艦船隊漂洋過海的前輩先驅者。

　　鄭和及其隨行團隊人員，繪製有〈鄭和航海圖〉，及馬歡（浙江人）的《瀛海勝覽》，費信（太倉人）的《星槎勝覽》，鞏珍（南京人）的《西洋番國志》，皆記載當時航海徧訪各地的國家住民土產、風土人情等，為研究「鄭和下西洋」的第一手直接重要史料，頗為寶貴而值得參考。

　　於是，乃激發閩、粵沿海人民飄渡向外尋求經貿為生，紛紛航向南洋移民擴展，開發拓植而光大事業。

　　明成祖的首詔內官太監鄭和下西洋，至其孫宣宗皇帝，凡七下西洋航行的時間之長（1405－1433，前後28年）及航行之遠，乃人類航海史上空前之最，對於當時中西交通，地理航海，經貿互助，文化交流等，影響貢獻遠大，其豐功偉績，乃永遠光耀於中華史上。

　　《明史‧成祖本紀》贊曰：

> 文皇〔成祖〕少長習兵，據幽燕形勝之地，乘建文孱弱，長驅內向，奄（覆）有四海。即位以後，知人善任，雄武經略，威德遐被，四方賓服，受朝命而入貢者三十國。幅員之廣，遠邁漢、唐。成功駿烈，卓乎盛矣。然而革除之際，倒行逆施，慙德亦曷可掩哉。

　　蓋指靖難成功之後，登位即帝，就屠殺慘戮方孝孺、景清、鐵鉉等，大虧人君德業。

第九章　清聖祖康熙帝

　　清聖祖康熙皇帝，姓愛新覺羅，名玄燁。清順治（世祖福臨）十一年（1654）生，康熙六十一年（1722）崩逝，享壽六十九歲；其間在位六十一年（1662－1722），為中華史上在位最長久的皇帝。

　　福臨皇帝於順治十八年正月七日崩逝，皇子玄燁嗣位，年僅八歲，由父皇遺命鼇拜等四大臣輔政；鼇拜因「從征，屢有功，賜號巴圖魯〔英雄勇士〕。順治元年，隨大兵入燕京，破流賊李自成；征四川，斬張獻忠。……黨比營私，專恣；上以其結黨專擅，下詔數其罪，命議政王等逮治」。[1]

　　康熙十二年，吳三桂等三藩在福建、廣東、雲南的地方割據勢力，與中央皇權矛盾抵觸，康熙早已思及宜應撤藩；而三藩之中，勢力最強大的吳三桂，竟於同（十二）年十一月，於雲南昆明倡亂反清，於是爆發「三藩之亂」，來勢洶洶；終賴少年皇帝的沉著穩健，英銳勇敢，堅毅果斷，領導有方而於康熙二十年十月底，帝令

1　《清史稿》，卷 249，〈鼇拜傳〉。

由廣西（東路）、湖南（中路）、四川（西路）等三路
清廷大軍會合，聯攻雲南昆明，城破，吳世璠自盡（吳
三桂之孫，三桂已於康熙十七年八月，積勞且已年老 67
歲，病死）；動亂延及數省，長達八年的「三藩之亂」
結束。

　　康熙在位期間，曾先後於二十三年、二十八年、三
十八年、四十二年、四十四年、四十六年，六次南巡（山
東、江蘇、浙江），除了遊歷山水風光、名勝古蹟之外，
特別重視河工（防治黃河、淮河等水患工程），保護人
民生命及農作生產，要求治河大臣及督撫隨時留意水患
災害，並維護南北大運河的航行通暢。

　　他也詔令羣臣編纂了《全唐詩》、《古今圖書集成》
等著名書籍，既重用籠絡當時智識分子，也影響有利於
後代士子人民。

　　以下謹概要列述康熙一生大事記：[2]

　　順治皇帝崩逝，八歲皇太子玄燁嗣位，為後之聖祖，
以明年為康熙元年；索尼、蘇克薩哈、遏必隆、鼇拜四
大臣輔政。

　　康熙元年（1662），吳三桂殺南明桂王永曆帝。

　　六年（1667），六月，索尼年老 67 歲，病薨。七月，
康熙親政。

2　併閱合讀吳倩，《康熙十講》，附錄，〈康熙年譜〉。雷敦淵、
　楊士朋，《用年表讀通中國歷史》，頁 292-299。王思治、馮爾
　康，《康熙事典》，〈康熙年表〉。

　　八年（1669）五月，計擒鼇拜，革職拘禁，死於禁所；康熙皇帝始掌實權。

　　十二年（1673），清廷於三月准平南王尚可喜撤藩之請；七月，靖南王耿精忠、平西王吳三桂亦試探上請解除藩王權勢，皇帝先後准之。十一月，三桂起兵雲南，倡亂反清，「三藩之亂」開始。十二月，清廷採分化政策，暫停撤除尚可喜、耿精忠二藩。

　　十三年（1674）二月，吳三桂進兵湖南，取常沙、岳州、常德、澧州，來勢迅速。三月，福建耿精忠起兵反清。十二月，陝甘提督王輔臣殺清廷莫洛經略。

　　十四年（1675）四月，清廷殺吳三桂子，額駙吳應熊於京師，以示平藩決心。

　　十五年（1676）二月，尚可喜遭子尚之信軟禁，之信加入吳三桂陣營，起兵反清。六月，王輔臣降清。十月，耿精忠降清。

　　十六年（1677），尚之信降清。

　　十七年（1678）三月，吳軍氣散，吳三桂為提振士氣，竟於湖南衡州（今衡陽）稱帝；八月，因勞累且年老，病死；孫吳世璠繼位於雲南。

　　十八年（1679）三月，詔命纂修《明史》。後經雍正朝，至乾隆四年（1739），先後由萬斯同、王鴻緒、張廷玉三位明史專家主撰，歷經六十年才完稿，而由張廷玉上表呈奏乾隆帝。

　　所以，趙翼《廿二史箚記》卷三十一，〈明史〉讚

美：近代諸史，未有如《明史》之完善者，閱六十年而後訖事，古來修史未有如此之日久而功深者也。

二十年（1681），清軍三路會合，攻下雲南昆明，吳世璠自盡，長達八年之「三藩之亂」，被清廷平定。

二十二年（1683），施琅領有臺灣。

二十三年（1684），設立一府（臺灣府）、三縣（臺灣、鳳山、諸羅縣），隸於福建省之下。同年，第一次南巡。

二十六年（1687）十二月二十五日，太皇太后（經歷天命，天聰、崇德，順治，康熙五朝；閱歷努爾哈赤、皇太極、福臨、玄燁四帝的孝莊文皇后）崩逝，享年七十五歲。

二十八年（1689），第二次南巡，特別巡視河工。

三十八年（1699），第三次南巡。

四十二年（1703），第四次南巡。

四十四年（1705）二月，第五次南巡，極重視河工。三月，江寧織造曹寅（曹雪芹祖父）校刊《全唐詩》完成。

四十五年（1706），陳夢雷初步編就《古今圖書集成》。（然而至雍正三年，蔣廷錫始奉上表進呈皇帝）。

四十六年（1707），第六次南巡。

五十二年（1713）三月，舉辦「千叟宴」於暢春園。同年，戴名世《南山集》文字獄案，被處死。

六十年（1721），臺灣「朱一貴事件」發生。

六十一年（1722）正月，舉辦「千叟宴」於乾清宮。十一月十三日，康熙皇帝崩逝，皇四子胤禛嗣位，是為清世宗雍正皇帝。

康熙皇帝一生，除了六次南巡之外，最重要大事，足以震撼當時及影響有利後代者，約為：一、計擒專斷擅權的輔臣鰲拜，二、平定三藩之亂，三、編纂《古今圖書集成》。

第一節 康熙計擒鰲拜

順治皇帝崩逝，皇子玄燁即位登帝，年僅八歲，改元康熙。

祖母太皇太后（順治母親）鑑於當年「皇（叔）父」多爾袞專政跋扈，導致順治年輕皇帝大權旁落之經驗教訓，乃不再用親王來輔助幼主，而改以順治遺命之索尼、蘇克薩哈、遏必隆、鰲拜等排序四大臣輔政年僅八歲的幼主康熙皇帝。

四大輔臣中，排次首位的索尼年老多病，對政事已心力不濟。蘇克薩哈不喜鰲拜，因政事爭論，兩人有嫌隙，積怨成仇。遏必隆個性怯懦庸弱，不敢異抗鰲拜，只好依靠遷就。於是，排名最末的鰲拜，竟因「從征，屢有功，破流賊李自成，斬張獻忠。世祖親政，授議政大臣。十八年〔崩逝〕，受顧命輔臣，不加禮〔其他〕

輔臣」（《清史稿‧鰲拜傳》），而因功狂傲，攬權朝政。

康熙六年六月，年老索尼病故。同年七月，十四歲的幼主在羣臣的擁戴及太皇太后的指導授意下同意親政。

同六年七月，排序第二的輔臣蘇克薩哈以皇上既已親政，乃上奏：「乞守先帝〔順治〕陵寢，庶得保全餘生」。鰲拜與其黨遂誣以不欲歸政，構罪以大逆論磔死；獄上，上不允；鰲拜「攘臂上前，強奏累日」，卒坐蘇克薩哈處絞。（《清史稿‧蘇克薩哈傳》）

排序第一、第二的索尼，蘇克薩哈既死，排序第三的遏必隆「知鰲拜矯旨誅戮大臣之惡，緘默不加阻，亦不劾奏」（《清史稿‧遏必隆傳》）。進而，「鰲拜受顧命，名列遏必隆後；自索尼卒，班行章奏，鰲拜皆首列。日與同黨朋比營私，凡事即家定議，然後施行，禁言官不得陳奏。」（《清史稿‧鰲拜傳》）

少年康熙皇帝深惡鰲拜恃功且不遵朝儀，朋比為奸，呵叱羣臣，攔截奏章，肆無忌憚，無視皇權而獨攬朝政。

於是，召來索尼之子，一等侍衛索額圖，不動聲色地密議除去鰲拜之策，以免激成事端。

決意精選侍衛之中，年少有力者，於朝廷皇帝御座前，故意習練滿族「布庫」（撲擊摔跤）遊戲。

康熙八年五月，皇帝詔令議政王大臣治問會讞〔審案〕，列上鰲拜大罪三十：欺君擅權，引用奸黨，結黨

議政，巧飾供詞，矯殺蘇克薩哈，貪攬事權，禁止科道陳言，意圖傾害熊賜履條奏，呵叱大臣，違先帝遺命而妄居遏必隆之前，不遵聖旨等[3]，應革命斬絞。

六月十四日，帝召鰲拜入宮，拜依然故我，霸氣驕橫獨入宮內；而早已有備而來的孔武有力少年群擁即上，當場摔倒捆綁擒捕鰲拜。（**呂后縛斬韓信及武則天縛殺薛懷義史上故事**）

皇上親自審問，從實認罪，唯鰲拜當場揭開衣服，露出早年從征，為營救清太宗皇太極（康熙祖父）所留下傷痕；皇上頓生憐憫「寬仁」性情，以「效力年久，不忍加誅，但褫職籍沒，予禁錮」。（《清史稿·鰲拜傳》）

清代昭槤（1776－1829）所著《嘯亭雜錄》〈聖祖拏鰲拜〉：

> 余嘗聞鰲拜輔政時，凡一時威福，盡出其門。嘗託病不朝，要聖祖皇上親往問疾；上幸其第，入其寢，御前侍衛見其貌變色，乃急趨至榻前，揭席刃見，因即駕返。召索額圖入謀畫。數日後，伺鰲拜入見，召諸羽林士卒入，諭示鰲拜諸過惡，立命擒之。

---

3 蕭一山，《清代通史》卷上，頁 437-438。

《清史稿·聖祖本紀一》：

> 八年五月，詔逮輔臣鰲拜，交廷鞫。上久悉鰲拜
> 專橫亂政，特慮其多力難制，乃選侍衛年少有力
> 者，為撲擊之戲。是日，鰲拜入見，即令侍衛等
> 掊繫〔仆倒捆綁〕之。王大臣議鰲拜獄上，列陳
> 大罪三十，請族誅。上詔：特念效力年久，迭立
> 戰功，免其死，籍沒拘禁。

第二節　三藩之亂

「三藩之亂」指康熙十二年至二十年，封於雲南（兼轄貴州）的平西王吳三桂與福建靖南王耿精忠及廣東平南王尚可喜（及其子尚之信）等三個彊藩，擁有地方重兵割據勢力而挑起且相呼應反叛之兵變動亂。

三藩之中，以恃功而驕橫的吳三桂兵力最強大，所以清廷對付三藩，在吳三桂方面，花費心力時間最多最久。

撤藩緣由起自康熙十二年三月，廣東尚可喜上奏疏請告老還鄉，懇請「撤藩安插」，皇上深為喜悅，立即批復同意「撤藩」（《清聖祖實錄》，卷四十一，康熙十二年三月）。

七月，福建耿精忠與雲南吳三桂心惶不自安，也請

求撤藩，以試探朝廷態度。出乎三桂之意料，皇上竟也立即同意「撤藩安插」請求。（《清聖祖實錄》，卷四十二，康熙十二年七月）

當時朝廷對於吳三桂的撤藩，分為贊成與反對兩派。反對者以吳三桂兵勢強大，怕引發事端；贊成者有戶部尚書米思瀚、兵部尚書明珠、刑部尚書莫洛等，兩方意見分岐，一時僵持不下。

皇上乃裁決詔曰：「三桂蓄異志久，撤亦反，不撤亦反，不如現今先發，猶可制也。」

遂順水推舟批准詔允，即令折爾肯、傅達禮使臣，八月前往雲南諭示。

三桂騎虎難下，遂與所部都統吳應麒等謀畫倡亂，要脅清廷雲南巡撫朱國治附叛，不從，殺之。

十二年十一月十三日，三桂舉兵反清，於雲南自號「天下都招討兵馬大元帥」，以身經百戰征功，看輕年僅二十，未經戎馬戰陣的少年皇帝；並致書標榜反清復明，邀約平南王、靖南王另二藩及貴州、四川、湖廣、陝西等諸將吏響應附之。

消息傳至京師，舉朝震動驚駭。

十三年正月，三桂部署吳應麒諸將，以迅雷不及掩耳，破竹之勢，分陷湖南岳州、常德、澧州、衡州。傳檄所至，呼應叛反者四起，如孫延齡將軍叛於廣西，耿精忠反於福建省，三桂吳軍兵勢大為擴張。

十三年四月，清廷絞死三桂之子吳應熊及孫吳世霖

（《清聖祖實錄》，卷四十七，康熙十三年四月）；以「寒老賊之膽，而勵清軍之心」。

十三年十二月，陝甘提督王輔臣叛清，清廷在西北統治，遭受威脅。

十四年，吳三桂軍力仍堅守著岳州（岳陽）、洞庭湖此南北戰略重鎮要地。

十五年二月，尚之信依附吳三桂，廣東叛清。

至此，雲南、福建、廣東三藩，盡叛清廷；康熙內外交迫，形勢極為險惡；此時間點，亦為吳三桂兵力最強盛之時。

十五年六月，詔命大將軍圖海征討陝西，王輔臣投降，皇上令其立功贖罪。

十五年十月，康親王傑書征伐福建，耿精忠投降，平定福建。十二月，廣東尚之信亦遣使請降清軍，十六年三月投降，廣東旋又平定。

十五年六月至十六年三月，康熙「剿撫並用」，清軍平定了陝西、福建、廣東，節節反攻勝利。

十七年三月，吳三桂親軍水師將軍林興珠請附降清軍，隨即獻上攻破收復岳州要地之策議。

同十七年三月，吳三桂思及已年老六十七歲，且擁地日縮小，外援軍力更減少，形勢急轉不利，人心也漸改變。因此，吳三桂為了鼓舞渙散士氣，拉抬激勵吳軍奮戰，竟於湖南衡州（衡陽）倉促登位稱帝；當天刮強風下大雨，三桂私下暗語：天欲亡我耶！至同年八月期

間，日夜憂懼，形容憔悴，內心不安，終於八月十八日，病情加遽而死。

其孫吳世璠繼位，稱帝於雲南，以郭壯圖為心腹。

吳三桂起兵之叛亂初期，來勢洶洶，發展之速及兵火波及省份之廣，乃空前未有，出乎清廷之所想像。

然則，三桂一直未能渡過長江，揮軍北向京師，而無以「恢復順天應人救民義舉」（十二年十一月〈反清檄告天下文〉）。

「賊魁禍首」三桂既死，清廷士氣大增，康熙立即詔令諸將把握此刻敵軍內變潰亂之際，集中軍力，「主攻湖南」，急速進取岳州。（《清聖祖實錄》，卷七十七，康熙十七年九月。）

十八年正月，吳三桂侄吳應麒棄守岳州，逃遁；清軍終復岳州。

二月之後，又收復長沙、湘陰、湘潭、澧州、常德、衡州等地，平定湖南。

同十八年四月，清軍也攻向廣西桂林、南寧，吳三桂從孫吳世琮敗死，清廷收復廣西。

既平定吳軍湖南岳州等戰略要地及廣西，清軍已取得階段性勝利；於是，康熙皇帝成竹在胸，放眼瞄向進取四川、貴州、雲南。

十九年正月，清軍趙良棟、張勇諸將克取四川成都、重慶。詔擢良棟為雲貴總督兼兵部尚書。三月，良棟又奏上呈獻清軍宜應分由廣西（東路），湖南（中路），

四川、貴州（西路），「三路併進雲南」，皇帝「悉如其所奏請」。

於是，清軍先由將軍麥塔東路自廣西南寧進軍雲南；將軍彰泰由湖南中路入攻雲南；將軍趙良棟、張勇的西路清軍亦隨後自四川、貴州來會合，「三路併進」雲南昆明。

二十年十月二十八日，負隅頑抗的吳世璠（三桂之孫），仍困獸猶鬥，被清軍重重包圍；及糧盡援絕，部將反，謀執世璠及其心腹郭壯圖降清；世璠已走投無路，與壯圖皆自盡。翌日，吳軍棄昆明城，降清。

皇帝接到捷報，不勝快慰喜極。

清軍旋即傳世璠首級與三桂骸骨詣京師，傳示天下。

至此，吳軍根據地大本營昆明陷落，清軍平定雲南。皇帝心喜大悅，令宣捷詔。

平定「三藩之亂」[4]的辛苦艱難之大，耗費物資兵力之多，及戰事蔓延時間之久，出乎清廷預料，真是康熙所面臨的一大考驗。

皇帝臨危不亂，鎮定決策，運籌帷幄，發踪指示，部署得宜，決勝於千里之外。終於解決平定長達八年的三藩亂事，鞏固加強皇權的聲望，也促進統一中央的威

---

4 參閱趙翼，《皇朝武功紀盛》，卷一，〈平定三逆述略〉。魏源，《聖武記》，〈康熙戡定三藩記〉。《清史稿‧吳三桂傳》。李治亭，《吳三桂大傳》（康熙十二年至十七年）。

權。

先是，在戰爭末期，清廷已看出勝利在望，乃於十九年八月，詔令賜死（廣東）尚之信自盡；及康熙二十年十月二十八日，平定（雲南）吳三桂之孫吳世璠；旋即於同年年底，詔令磔死（福建）耿精忠；至此，三藩全部消滅。

名史學家錢穆（賓四）認為吳三桂等三藩敗，而清廷勝的原因有四：

一、因三桂身為漢奸，一到湖南即妄尊稱帝，不得眾望信仰。

二、三藩不能一致，三桂起兵，耿精忠即應之，但尚之信要到十五年才附叛。而十五年十月，耿精忠投降清廷，同年底至十六年三月，尚之信也降清，三藩不一致。

三、吳三桂起兵已六十二歲，年高暮氣；又不敢越長江，其勢自緩。

四、清主玄燁康熙少年英銳，處置得宜，「以漢制漢」，重用趙良棟、張勇等漢人將軍立大功。[5]

---

5 錢穆，《國史大綱》，下冊，頁 827。

第三節　《古今圖書集成》

　　《古今圖書集成》是清康熙四十年至四十五年，由皇三子胤祉（1677－1732）的侍講門客陳夢雷（1650－1741）所實際編著的大型類書，共有一萬卷。

　　陳夢雷，福建福州侯官人，康熙九年（1670）即科中進士，年僅二十歲，勤讀有才華，官授翰林院編修。

　　康熙十二年（1673），他回福州省親，恰逢「三藩之亂」起事，福建藩王耿精忠立隨吳三桂反清叛附；精忠召請省城福州等文士前來顧問效命；因此，文人官員、圖書文獻學者陳夢雷被逼迫要脅至耿營，但托病入寺修養，並未屈從。

　　康熙二十年（1681），「三藩之亂」平定，夢雷竟被牽連誣告謀反有罪，欲判死；幸得其同年科考進士同學暨翰林院編修同官，康熙皇帝近臣徐乾學（1631－1694）的仗義執言與為他澄清營救，求情皇上免死；唯與其夫人發送關外瀋陽為奴，流放戍守。

　　康熙三十七年（1698），皇帝東巡謁祖陵，夢雷趁機攔駕跪伏，面訴冤屈，得蒙寬仁皇上接見，知其文才學識，上諭赦免，並召回京師，奉詔入殿侍奉，一向勤學而廣攬士人的皇三子胤祉陪讀進講，很受禮遇，賜第置園修書；他在知遇感恩之餘，發揮長才，勤奮編書完稿，初名《古今圖書彙編》。旋由皇三子呈奏父皇，康

熙極為看重此書，特賜更名為《古今圖書集成》。

　　皇帝重視優禮奇才，在皇三子陪同下，蒞臨夢雷書房勉勵且親賜御筆「松高枝葉茂　鶴老羽毛新」。

　　隨即，夢雷就以「松鶴」兩字作為書房「松鶴齋」的名字；後來，晚年自號「松鶴老人」。

　　康熙六十一年（1722），皇上崩逝。皇四子胤禛繼位，改元雍正元年（1723）。

　　因在康熙晚年，皇太子、三子、四子、八子、十四子等，多年覬覦爭奪皇位。及四子雍正得位，即把三哥胤祉調離宮外，貶守先帝康熙陵寢景陵；同時，擔任皇三子侍講門客的夢雷，也再度牽連致罪，被新上任皇帝雍正貶謫流放至更荒遠冰凍的遙遠邊陲黑龍江；此年，夢雷已是七十三歲的白髮垂垂老翁。

　　雍正皇帝詔令改派禮部侍郎、後升戶部尚書的蔣廷錫（1669－1732）督領館臣修訂；於雍正三年（1725）十二月，書成上表，旋在雍正四年九月，由皇帝賜序編印刊行。

　　雍正十三年（1735），皇帝崩逝，皇子弘曆繼位，以明年為乾隆元年（1736），是為清高宗。

　　乾隆六年（1741），陳夢雷逝世於關外戍所，年九十二歲，不幸老死異鄉，蒙辜留憾！

　　雍正死時，夢雷仍活著；而且他會永遠活在人們的心中，因為他所編著的《古今圖書集成》，已成為中華史上的名著寶典。

　　《御製古今圖書集成》有曆象彙編（乾象、歲功、曆法、庶徵典），方輿彙編（坤輿、職方、山川、邊裔典），明倫彙編（皇極、宮闈、官常、家範、交誼、氏族、人事、閨媛典）。博物彙編（藝術、神異、禽獸、草木典），理學彙編（經籍、學行、文學、字學典），經濟彙編（選舉、銓衡、食貨、禮儀、樂律、戎政、祥刑、考工典）等，計六大彙編三十二典，凡一萬卷。卷首冠以雍正皇帝序文與蔣廷錫上表。

　　節要摘錄蔣廷錫上表：

　　　奉敕恭校聖祖仁皇帝《欽定古今圖書集成》告竣，謹奉表上。伏遇皇帝陛下德高天縱，學富日新，心源堯舜文武，綸言煥發為英華，羅陳圖書鉅冊，為聖祖所集成書，宏廣宇宙，無所不具，特命臣等校讐增訂。是書列有六大彙編三十二典，合為萬卷。經史文詞咸囊括于篇中，六合九州悉包籠于卷內。臣等承詔沐恩，仰遵聖訓，假三年之久，補完殘闕，詳明刪定，校刊既竣，奉表告成。臣等無任瞻天仰聖，謹奉表隨進以聞。

　　雍正三年，戶部尚書臣蔣廷錫等上表。

　　隨即，皇帝御賜《御製古今圖書集成序》，茲亦節錄摘要於下：

欽惟我皇考聖祖仁皇帝聰明睿智而又好古敏求，孜孜不倦萬機之暇置圖書於左右……以天縱之能，博學多識，乃廣羅羣籍，分門別類，統為一書成冊，極圖書之大備。朕紹登大寶，思繼先志，特命尚書蔣廷錫等董司其事，重加編校，窮朝夕之力，閱三載之勤，增刪審定。書成，進呈朕覽，其大凡列為六彙編三十二典，卷至一萬。是書靡所不該，無所不究，集經史諸子百家之大成。前乎此者有所未備，後有作者又何以加焉！敬藏石室，寶垂久遠。用序敘其本末，綴於篇頁；以紀朕繼皇考之志，述事兢兢業業，罔敢不欽丕訓云爾。

雍正四年九月。

此書三十二典如下：

一、乾象典：天、地、陰陽五行、日、月、星辰、雲霞、虹霓、霜雪等。

二、歲功典：春，元旦、清明；夏，端午；秋，七夕、中元、中秋、重陽；冬，臘日、冬至，除夕等。

三、曆法典：儀象、漏刻、測量等。

四、庶徵典：日、月、風、雲、天變，水、火、旱疫，神怪，蝗災等。

五、坤輿典：建都、市肆等。

六、職方典：山川、河防、京畿、各省。

七、山川典：五嶽、（長）江、（黃）河、濟水、淮水、秦淮河、洞庭、鄱陽、太湖、巢湖、西湖、昆明池等。

八、邊裔典：日、韓、吐番、天竺、西夏、吐魯番、安南、琉球、緬甸、呂宋、蒙古等。

九、皇極典：帝紀、登極、國號、君道等。

十、宮闈典：皇后、妃嬪、宮女、皇太后、太皇太后、公主、外戚等。

十一、官常典：宗室、吏、戶、禮、兵、刑、工、藩司等。

十二、家範典：父母、夫婦、子女、兄弟姊妹、宗族、妻戚等。

十三、交誼典：師友、世誼、同學、僚屬、宴集、餞別等。

十四、氏族典：單、複、三字、四字姓氏等。

十五、人事典：名字稱號、年歲、身體、升降、行遊、生老病死。

十六、閨媛典：淑烈、孝義、藻飾。

十七、藝術典：醫藥（把脈、眼、耳、鼻、喉、小兒、婦產科）、農、漁、牧獵、堪輿、相術等。

十八、神異典：太歲、文昌、神農、關公、佛菩薩、神仙、異人。

十九、禽蟲典：禽鳥、走獸、魚、蟲。

二十、草木典：稻禾蔬果、花葉、竹、草等。

二十一、經籍典：詩、書、三禮、易、春秋、論語、
　　　孟子、二十四史、通鑑、老莊、墨子、韓非子、
　　　文選等。

二十二、學行典：求師、讀書、致知、學問、教學、
　　　修身、曠達恬退等。

二十三、文學典：賦、詩、詞、曲、雜文。

二十四、字學典：書法、文房四寶。

二十五、選舉典：鄉舉里選、科舉（文舉）、武舉、
　　　及第吏員。

二十六、銓衡典：考課、祿制、遷降。

二十七、食貨典：農桑田制、柴、米、油、鹽、醬、
　　　醋、茶、酒肉等。

二十八、禮儀典：拜天祭地、婚冠、崇禮文廟、神
　　　農、先醫等。

二十九、樂律典：琴、瑟、管絃、鼓、歌舞。

三十、戎政典：兵戎、戰車、軍馬、刀劍、弓矢、
　　　射彈、水攻、火攻等。

三十一、祥刑典：祥瑞吉辰，刑具（桎梏、枷具、
　　　笞杖）、罪刑等。

三十二、考工典：土工、木工、石工、磚瓦、橋梁、
　　　宮殿、宅第園林、亭臺樓閣、水池花木等。

康熙皇帝時代，由陳夢雷撰就初編的《古今圖書集
成》，內容豐博，規模宏大，融匯經史百家，貫穿古今，

為古往今來圖書之集大成者也。

《清史稿・聖祖本紀》論曰：

> 聖祖仁孝性成，智勇天錫。早承大業，勤政愛民。
> 經文緯武，寰宇一統，雖曰守成，實同開創。崇
> 儒重道，豁貫天人，尤為古今所未覯。天下和樂，
> 克致太平。後世想望，至今不已。仁君善德，何
> 其盛歟！

第十章　清高宗乾隆帝

　　清高宗乾隆（1711～1799，其中 1736～1795 在位），
姓愛新覺羅，名弘曆。

　　他在位期間，曾在天山南北路二平準噶爾，一平
回部，平定今新疆南、北。掃平四川成都西北的大、小
金川土司番部。更往中國雲南、西藏邊外，降服緬甸及
兩次平服廓爾喀（今尼泊爾）。又在廣西關外降服安南
（今越南）及綏靖東南海島臺灣的「林爽文事件」。亦
即，綏平準噶爾（北疆）二，回部（南疆）一；西南大、
小金川二；更西南邊外緬甸一，廓爾喀二；安南一，臺
灣一；[1]合而自詡豪稱「十全武功」。於是，自稱為「十
全老人」，並作〈御製十全記〉，以誌其武功成就而垂
之久遠。

　　乾隆皇帝又先後於乾隆十六年、二十二年、二十七
年、三十年、四十五年、四十九年，「六次下江南」；
除了遊山玩水歡娛與觀賞風光文物之外，還在政治上籠

---

1 賴福順，《乾隆重要戰爭之軍需研究》，頁 3，〈自序〉與頁
　431，〈結論〉。莊吉發，《清高宗十全武功研究》，頁 1，〈緒
　論〉與〈結論〉，頁 495。蕭一山，《清代通史》，卷中，頁
　145，〈御製十全記〉。

絡江南文臣士人，強化滿漢文化思想結合；又視查河工浚治、海塘修護，保障江南經濟發展與社會繁榮及人民牲畜生命安全等。

他又在乾隆三十八年，開館纂修《四庫全書》，至四十七年編修完成，為中國圖書文獻史上一大盛舉，對於中國歷史文化貢獻極為遠大。

以下概述要列乾隆皇帝一生大事記：[2]

康熙五十年（1711），他生於雍親王〔後之雍正帝〕府邸，取名弘曆。雍正元年，世宗御乾清宮密書緘藏〔皇太子姓名〕於「正大光明」匾額上。十一年，封寶親王。十三年，〔世宗〕崩。親王等啟雍正元年立皇太子密封，宣詔〔寶親王弘曆〕即皇帝位，以明年為乾隆元年。[3]

乾隆元年（1736），皇帝年僅二十五歲，召大臣親寫建儲密旨，收藏於乾清宮最高處「正大光明」匾額後面。

十二年至十四年，派軍平定大金川（在四川成都西北的土司番部）。

十六年，皇帝第一次南巡。

二十年至二十二年，先後兩次出兵降服準噶爾部（今新疆北部）。

2合參併閱唐文基、羅慶泗，《乾隆傳》，頁 483-504，附錄，〈乾隆帝弘曆年表〉。雷敦淵、楊士朋，《用年表讀通中國歷史》，頁 299-310。華世出版，《中國歷史大事年表》，頁 432-443。
3《清史稿·高宗本紀一》。

二十二年，第二次南巡。

二十三年至二十四年，詔令兆惠出兵平定回部（今新疆南部）大、小和卓木亂事，天山南北路（新疆）劃入大清版圖；旋屯田於烏魯木齊、伊犁等地。

二十七年，第三次南巡。

三十年，第四次南巡。

三十三年至三十四年，詔令攻伐緬甸，由傅恒任經略，阿桂指揮戰事；緬甸王遣使詣軍前請降，詔命撤軍許和，定十年一貢清廷。

三十六年至四十一年，小金川（在四川成都西北土司）亂事，清廷派兵征伐平定。

三十八年，開館纂修《四庫全書》。

四十五年，第五次南巡。（乾隆三十年及之前的凡四下江南，都盡孝帶著身體康健的生母鈕鈷祿氏同行；唯三十年的第四次南巡，皇太后已年高七十四歲，「人生七十古來稀」，皇帝以慈母年老且自北京至杭州，路途遙遠勞累，就曾決意暫不再南巡。至乾隆四十二年，皇太后崩逝，享壽八十六歲，皇帝哀慟不已！既而服孝已三年，在親近侍臣進言奏請皇上暫且寬心怡神於山水之勸駕後，乃期勉同意再度南巡）。

四十七年，《欽定四庫全書》編纂完成。

四十九年，皇帝第六次南巡。

五十一年至五十三年，臺灣天地會領袖林爽文起義，至五十二年，帝令福康安率軍渡海，於隔年平定。

　　五十三年至五十四年，清廷派兵出往安南（今越南）平亂，安南阮惠遣使乞和。

　　五十五年（1790），乾隆帝八十大壽，舉朝歡騰慶賀。

　　五十六年至五十七年，皇帝詔令福康安出兵西藏，南下平定廓爾喀（今尼泊爾）。

　　五十八年，英使馬戛爾尼抵達北京朝見皇帝。

　　六十年九月，「上御勤政殿，召皇子、皇孫、王、公、大臣等入見，宣示立皇十五子嘉親王〔永琰，後稱顒琰〕為皇太子，明年為嗣皇帝嘉慶元年。嘉慶元年正月，舉行授受大典，立皇太子為皇帝，尊上為太上皇帝。四年正月，上〔太上皇〕崩，壽八十有九。四月，尊諡曰純皇帝，廟號高宗，九月，葬裕陵。」[4]

　　太上皇（乾隆帝）既崩逝；五天後，嘉慶帝乃下諭「特著各部院大臣著實查辦上皇近臣（不法事）」。

　　諭下，舉朝震駭，給事中（官名）王念孫等，列款和珅二十大罪，詔令親王永璇、永瑆傳旨，並勇士監行。

　　和珅二十款大罪，主要者條列如下：

　　朕（嘉慶）於乾隆六十年九月，蒙皇考冊封皇太子，尚未宣布諭旨，和珅於前一日，即在朕前先遞如意，漏洩機密，居然以擁戴為功，大罪。

　　皇考聖躬不豫時，和珅毫無憂戚，進見後，出外談

---

4 《清史稿・高宗本紀六》。

笑如常，喪心病狂，大罪。

皇考升遐〔崩逝〕，朕諭令蒙古王公未出痘者，不必來京。和珅不遵諭旨，令已、未出痘者，俱不必來京，全不顧國家撫綏外藩之意，大罪。

軍機處記名人員，和珅任意撤去，種種專擅，不可枚舉，大罪。

和珅家產查鈔，蓋屋僭侈踰制，其園寓點綴，竟與圓明園無異，不知是何肺腸！大罪。

家內所藏珍寶珍珠，較之大內，多至數倍，並有大珠較御用冠頂尤大，大罪。

所藏真寶石頂有數十餘個，且有內府所無者，大罪。

家內銀兩及衣服，數逾千萬，大罪。

夾牆、私庫、地窖埋藏金、銀無數，大罪。

附近通州、薊州地方，開有當鋪銀錢店，以首輔大臣而與小民爭利，大罪。

以上諸多大罪，大學士九卿文武大臣奉旨訊問，和珅招供不諱，呈請依大逆律處死。皇上顒琰因太上皇剛崩逝，又以其乃先皇親近大臣，不欲誅死，即旋下旨令其自盡。[5]

---

5 《清仁宗實錄》，嘉慶四年正月。蕭一山，《清代通史》，卷中，頁 261-264。閻崇年，《正說清朝十二帝》，頁 182-183，〈附錄一，和珅二十大罪狀〉。

第一節　乾隆帝十全武功

　　所謂乾隆帝的「十全武功」，是指自乾隆十二年至十四年的「大金川戰役」，及至乾隆五十七年結束的「廓爾喀戰役」，共有十項武烈軍功：一、大金川戰役；二與三、兩度準噶爾（北疆）戰役的平定；四、平定回部（南疆）亂事；五、小金川（大、小金川俱為蜀之西北土司）之役；六、平定臺灣「林爽文事件」；七、平服緬甸；八、平服安南（今越南）；九與十、兩度廓爾喀（今尼泊爾）戰役之平定。要之，皆為乾隆帝對西北、西南、更西南與南方化外疆陲及東南海嶼臺灣的武功軍略。

一、大金川戰役

　　大、小金川在四川成都西北，松潘高原南方的小金河與大渡河上游；因產金而得名。乾隆十二年，大金川土司莎羅奔亂事，皇帝先派川陝總督張廣泗及大學士納親督師指揮戰役，皆失利，分被朝廷處死、賜予自盡。

　　皇帝後改派大學士傅恒與岳鍾琪將軍（四川提督）督軍征伐，兩路進攻順利，至十四年二月，莎羅奔投降，金川之役告捷，此乃乾隆即位後，首度用兵即勝戰功。

二、平定北疆準噶爾戰役

早在康熙、雍正皇帝時代，中國西北化外之地的準噶爾部（天山以北之北疆）時常發生動亂，波及中國，視為邊患，唯兩朝皆無以平定。至乾隆十九年，大清國力已達於強盛，高宗乃決意趁著準噶爾內部因爭權而四分五裂時機，出兵攻伐，以雪先朝未能達成功業。乾隆二十年二月，朝廷詔令出兵擊伐，僅僅四個月，準部就在六月中旬投降清軍，此為第一次平準噶爾之役。

三、準部又再度動亂，危急中國邊界安寧

乾隆帝乃於二十年十二月，再度詔令發兵征討，唯此次天候極為寒冷多變，清軍付出慘痛的犧牲與時光，不像第一次那麼順利，而一直要到二十三年才結束動亂。

於是，綏平北疆準噶爾部，乾隆帝終於為祖、父兩朝雪恥，鞏固控制了北疆，劃入版圖。

四、派軍進克南疆回部

回部位居天山南路，因居民大多信奉回教，故名其地稱之回部。

前述，清軍於乾隆二十年六月，攻克北疆準噶爾南部的伊犁；並營救出來大、小和卓木的霍集占兩兄弟，且扶持他倆統治南疆。

未料，乾隆二十二年三月，霍集占以民族種族主義起事，悍然鼓動南疆回部響應抗清。

乾隆皇帝詔令將軍兆惠前往征討，但因清軍兵馬未集就孤軍深入，初期陷於被叛軍包圍而處在危亡之際；皇帝得到求援軍報，急速調遣將軍富德、舒赫德率部出往解圍。

乾隆二十四年六月，歷經清軍三路兵馬的艱辛伐擊，終於進克回部戰略要地，南疆阿克蘇、和闐（今和田）、喀什噶爾、葉爾羌等處。大、小和卓木的霍集占兩兄弟往葱嶺西逃，富德將軍急追趕上並要求當地部落酋長下令捕致兩兄弟，當地處死並將其首級進獻清軍。

將近兩年多的艱辛攻戰，清廷終於也平定了南疆回部。於是天山南北的準噶爾部（北疆）與回部（南疆）完全併入大清皇帝版圖。乾隆的消滅西北動亂，開疆闢土，完成了先朝未竟事業，也增廣擴大幅員疆域。

皇帝旋即設置伊犁將軍統管這一大片地區的軍政事務，設官分駐各大城中心，派將兵駐守，移民屯田墾邊。

五、平定小金川戰功

乾隆三十六年，小金川地方亂事，乾隆帝詔令征討。

先是派桂林尚書及溫福大學士率軍出往伐擊，因不諳軍戰，桂林潰敗，溫福軍營也被小金川軍隊攻破，中槍而死。

高宗旋即詔令改派阿桂為總指揮，率領海蘭察、福

康安將軍，分三路進攻，至乾隆四十一年春，小金川投降清軍，高宗終於前後兩度平定大、小金川亂事。同年四月，舉辦獻俘典禮，皇帝頒布〈御製平定兩金川告成〉文，於碑石刻字紀念；於是西南邊疆綏定，擴大治理版圖。

六、綏靖臺灣林爽文起義

林爽文（1757～1788），福建漳州平和縣人；乾隆三十八年（1773），隨父來臺，居彰化大里杙莊（今臺中大里），加入秘密會社「天地會」。

乾隆五十一年（1786），清廷派駐臺灣官員密令緝捕天地會會黨；黨人乃紛入大里杙，議謀起事；而鳳山莊大田亦響應，臺灣南北兩路遂並舉事；一時勢力盛起，眾推林爽文為起義軍領袖，爽文乃於同年十一月末起義反清，席捲臺灣中部大墩、彰化、南投，破諸羅、斗六門，兩路合圍府郡（臺南府城）。

清軍將兵攻伐，初無功。乾隆皇帝乃於五十二年八月，詔令大將軍福康安領參贊海蘭察將軍，率領將兵抵臺平定。[6]

莊大田於琅嶠（今恆春）遭清軍水路併進，被擒，碟死於府治（府城臺南）。林爽文被押送北京，斬於市。

---

6 連橫（雅堂），《臺灣通史》，卷31，〈林爽文列傳〉、〈福康安列傳〉。

七、降服緬甸戰功

緬甸是大清國邊界，與雲南接壤。

乾隆十八年，緬甸爆發內亂，各土司之間攻殺不已，被攻敗的土司、士兵及人民百姓紛紛逃難進入雲南；於是，雲南與緬甸有了衝突騷亂，長達十幾年。

乾隆三十一年，高宗皇帝先後詔派陝甘總督楊應琚與雲貴總督明瑞出兵攻緬，皆因地形不熟、天候惡劣、孤軍深入致糧食不足而被緬軍擊敗；皇帝大怒，詔令楊應琚自盡；而明瑞竟自縊於軍次，高宗給予優恤。

皇帝於是改派大學士傅恒為經略將軍，阿桂為副將軍、舒赫德為參贊，於乾隆三十三年春，增兵南下再征討緬甸；緬甸遭受重創，清軍大捷；緬甸無以再戰，提出請和，清廷准和。

至乾隆五十三年，清廷國力達於極盛，緬甸派遣使者前來朝貢議降，乾隆皇帝冊封其國統治者為國王，而緬甸遂成為大清藩屬國。

八、降服安南戰功

安南（今越南）與廣西、雲南接壤。

乾隆末年，安南國內阮氏與鄭氏兩大政經集團內爭動亂，影響騷擾波及邊界的秩序安寧。

乾隆五十三年十月，皇帝詔令兩廣總督孫士毅與廣西提督許世亨自廣西鎮南關（今稱友誼關），及雲南提

督一併率兵出征，兩路進兵合攻。

阮氏軍隊無力抵抗清軍，當孫士毅與許世亨部隊攻入安南都城，有黎姓大族，百姓夾道歡迎。

當時安南統治者阮惠即刻遣使來到中國請罪乞降。

乾隆帝批准同意阮惠請降奏表，於是安南再為中國藩屬國。

九、進兵西藏嚇退廓爾喀入侵戰功

乾隆四十五年（1780），舉朝歡慶皇上七十大壽。

西藏（後藏日喀則）班禪喇嘛亦前來皇京祝壽，唯不久竟病逝於北京。

乾隆帝諭令將皇帝、王公大臣等賞賜、饋贈予班禪的寶冠、念珠、玉缽、鏤金袈裟等珍寶全都送回日喀則喇嘛寺。

不意，引發廓爾喀（今尼泊爾）人前來掠奪，竟引致戰爭；唯高宗於乾隆五十三年七月，派遣援軍抵達日喀則後藏之時，廓爾喀入侵者聞之，即退兵南去；此為第一次嚇退廓爾喀之役。

十、廓爾喀之歸降

乾隆五十六年七月，廓爾喀為再搶奪班禪珍寶，竟又入侵中國後藏日喀則，除了將寶物擄掠一空之外，又到處搶奪燒殺。

皇帝大怒，旋於五十七年五月，詔令大將軍福康安、

參贊海蘭察率領清廷大軍攻進西藏擊退入侵的廓爾喀軍隊。

　　皇上再於五十七年七月，又詔令乘勝南下繼續追擊，務必掃蕩清除。

　　因距離遙遠，孤軍深入，道路險阻，清軍損傷慘重。而廓爾喀也已無力迎戰福康安大軍，遂有意趁機請降。

　　且皇帝暨大將軍福康安又據報得知八月之後，狂吹大雪即將封山，帶來危險災害，於是允許廓爾喀投降並歸還擄掠而來的財寶，送回後藏日喀則。

　　此次戰功歸清廷勝利；乾隆五十八年正月，廓爾喀派遣使臣至中國北京進貢獻表請降，成為大清國的藩屬國。

　　以上十項戰功成就，即為乾隆皇帝所自豪的「十全武功」。[7]皇上親撰〈十全武功記〉，刻石立碑紀念，以垂久遠，並自號為「十全老人」。

7 趙翼，《皇朝武功紀盛》，卷 2，〈平定準噶爾、回部〉；卷 3，〈平定緬甸〉；卷 4，〈平定兩金川、臺灣、廓爾喀〉。魏源，《聖武記》，卷 4，〈平準部、定回疆〉；卷 5，〈征廓爾喀〉；卷 6，〈征緬甸、撫安南〉；卷 7，〈征大、小金川〉；卷 8，〈定臺灣〉。

第二節　乾隆帝六次南巡

乾隆皇帝在位期間，有六次南巡。

南巡目的主要有：在政治上籠絡江南文臣士子，消除反滿情緒，達成全國思想文化統一；視查河工、修護海塘，保護江南經濟發展與人民生命安全；三為欣賞江南秀麗山水風光和豐盛古蹟文物等。

首次下江南，開拔於乾隆十六年正月十三日，聲勢隆重莊嚴，規模盛大熱鬧。沿途由京師直隸（河北），經山東、江蘇、到達浙江共四省。

去程遊歷江蘇揚州（鹽商踴躍捐獻，懇切報效）、鎮江、常州、蘇州，再到浙江杭州遍遊西湖山水名勝，並至紹興祭拜大禹陵。

回程在江寧（南京）祭拜明太祖朱元璋孝陵，並與慈母皇太后親臨江寧織造局機房察訪工匠織機造絲（《清高宗乾隆實錄》卷三八五）；在山東泰山岱廟焚香拜天；五月四日北還京師圓明園。

第二次南巡，動身於二十二年正月十一日，乘船（御舟與后妃搭乘者，稱之安福艫與翔鳳艇），浩浩蕩蕩，旌旗飄揚，沿大運河南下抵達「上有天堂，下有蘇杭」的蘇州，皇帝詩人好友沈德潛已年過八十，前來接駕，皇上大喜，加恩賜給「禮部尚書」頭銜。在杭州，下諭

呈獻詩詞的文士，優遇特賜舉人補用。

　　回程，又在江寧祭拜明孝陵；北上親見宿遷、睢寧、徐州等蘇北地區水患，下諭賑濟災民，減免賦稅；也視察淮河、洪澤湖河工浚治。北上到山東曲阜祭禮孔廟，於四月二十六日回到直隸京師別宮圓明園。

　　二十七年元月十二日，開始第三次南巡。從直隸南下，視察洪澤湖修建堤工；巡閱鎮江焦山的長江水師，然後往南到蘇州文廟祭拜。江蘇、浙江兩大老沈德潛、錢陳群在附近常州接駕，皇上喜而親筆題詩賜贈。隨後，南下到杭州與附近海寧，住進著名的陳府別墅隅園（後稱安瀾園，因此地即著名錢塘江大海潮所在），多次巡視海塘防治修護工程。（《清高宗乾隆實錄》卷六五二）

　　回程，在江蘇江寧（南京）祭拜明孝陵，旋渡長江北上，在山東鄒縣祭拜孟子、曲阜行禮孔廟，更登上泰山最高處玉皇頂燒香拜天；五月四日，回到北京別宮圓明園。

　　第四次南巡，開拔自乾隆三十年元月十六日，這是皇上第四次恭侍陪奉慈母皇太后南巡，「遊覽山川佳秀，民物豐美，而娛暢慈懷」；江南庶民盼幸情殷，夾道恭候盛典來臨。皇上暨皇太后詔諭減免路過地區的當年田賦，恩德博施垂愛子民。江浙兩大老沈德潛（江蘇長洲人，享壽九十七）、錢陳羣（浙江嘉興人，高壽九十一）又在蘇州迎駕。沈、陳兩位，可能是唐宋以來，最受皇帝寵異恩遇詩人，每接駕一次，就諭旨升官一次；此次

皇上又吟詩親賜「二仙仍此接河濱，三載又見意更親」，
於是各加賞兩位老臣賜予「太子太傅」至高頭銜恩典。
（《清高宗乾隆實錄》卷七三○）

　　第四次南巡行程，與前三次大為不同而特具團結滿
漢文化思想者，乃是皇上沿途在江蘇遣官燒香致祭宋代
范仲淹、曹彬（大將）；明代徐達、常遇春（大將、副
將）、方孝儒（文臣）等歷代漢族文臣武將，表達滿族
皇帝對他們的崇敬與紀念。

　　繼續南下，在蘇州參拜文廟；夜晚，張燈結彩，喜
氣洋洋。到浙江海寧陳府，又駐驆隅園，巡視修護海塘，
觀賞名聞天下的錢塘江大湖。折返杭州，欣賞西湖山水
風景，對進獻詩文書法的優等文士特別授與舉人，遇缺
候補官員。

　　回程，在蘇州、鎮江，遊賞風光美景；又到江寧祭
拜明太祖孝陵，蒞臨訪視江寧織造局；然後沿大運河北
上，巡視河堤工程，再登岸於山東德州，轉陸路進入河
北，於四月二十一日返回京師。

　　以上四次南巡，都恭陪慈母皇太后「法祖省方」，
順道遊山玩水，調養身心，娛悅慈懷。

　　無奈，乾隆四十二年，生母皇太后崩逝，享壽八十
六歲；皇上哀慟不已，南巡盛事，暫為擱置。

　　至乾隆四十五年，兒子皇帝已為先慈皇太后守孝三
年，於是親近大臣呈奏皇上善為珍攝龍體，並以天下子
民蒼生為念，宜請再度南巡，藉以視察河工，欣賞海寧

錢塘大潮壯觀景象及遊山玩水巡覽文物古蹟，而心怡調養身心健康。於是，有了第五次的南巡，離上次南巡，已隔有十五年之久。

乾隆四十五年（1780），皇上已是七十歲的「古稀天子」，正月十五日啟程南下。

他在江蘇江寧祭拜漢族明太祖孝陵，也舉行閱兵典禮。

據傳，皇上與浙江海寧陳閣老家族有特殊親近因緣，所以必到杭州附近海寧陳府駐驆且觀賞錢塘江大潮景觀，並一再叮嚀交辦督撫與治理河江大臣等，務必踏實穩當做好維護海塘工程，愛護當地百姓，以傳揚大清皇恩浩蕩。

北回，沿途巡覽運河兩岸優美風光，到達山東德州登岸，改走河北陸路，搭乘轎輿進入直隸皇都，於五月九日回到北京圓明園，結束第五次南巡的行程。

乾隆帝的第六次，也是最後一次南巡，在乾隆四十九年（1784），此年他已是七十四歲的老年皇帝。

正月二十一日啟程，同樣兼採陸路與沿大運河水路，由直隸皇城所在北京南下，經山東、江蘇，到浙江杭州、海寧。

在山東，至泰安岱廟焚香行禮，蒞臨曲阜孔廟瞻仰至聖先師。

到浙江海寧巡視海塘，錢塘江壯觀大潮，再回到杭州。

　　而兩年前，《御製四庫全書》已經修纂編成，因江南乃人文薈萃之地，皇上詔令下諭未來將七部中的三部《四庫全書》，分藏於江蘇揚州文匯閣，鎮江金山寺文宗閣及浙江杭州孤山西湖畔的文瀾閣，此即世稱所謂之「南三閣」，以嘉惠江南文士學子廣閱傳抄。

　　皇上總結六次南巡，諭示隨侍皇子與大臣督撫等，其乃紹承續續皇祖（康熙）的六度南巡而「法祖省方」。垂愛臣民，督導河工，海塘浚治維修，仰承祖訓寬仁，惠澤於江南百姓。（《清高宗乾隆實錄》卷一二〇〇）

　　回程，再到江蘇江寧最後一次祭拜朱元璋明太祖孝陵，又沿大運河北上至山東德州，轉換陸路進入河北直隸，在四月二十三日返回圓明園。

　　總計乾隆帝六次南巡，啟程全部在該年正月（十五日前後）；回程則於該年的四月底與五月初（第二、四、六次，皆於四月下旬；第一、三、五次，都在五月上旬）

　　乾隆也是史上最著名的品茗喝茶暨評鑒特等水質的皇帝。

　　南巡期間，他最愛品評江蘇鎮江金山，古稱第一的「中冷泉」；太湖水畔蘇州附近，盛名稱江南第二的「惠山泉」；以及浙江餘杭（杭州）第一佳品「虎跑泉，烹煮品名最好的「西湖龍井雨前〔四月二十日穀雨節令之前〕茶」。[8]好水與佳茗相絕配，形、色、香、味俱全。

8　（清乾隆兩江總督）高晉，《南巡盛典》，頁128，中冷泉；頁161，虎跑泉；頁168，西湖龍井茶；頁408，惠山泉水。徐桂

第三節　編纂《四庫全書》

　　《四庫全書》是清乾隆時代所編纂而留傳至今，史上最大套的一部叢書。

　　乾隆三十七年十一月，翰林院編修、安徽學政朱筠（1729－1781）進呈奏請收錄編纂古籍，旋蒙皇上恩准。

　　三十八年（1773），詔令開局設立《四庫全書》館開始纂修，廣為搜羅採輯，兼收並錄，以嘉惠好學士子；至四十七年正月，初編裝訂成第一部。

　　「四十七年春正月，建盛京〔瀋陽故宮〕文溯閣，《四庫全書》成。二月，上御文淵閣，賜《四庫全書》總裁等官宴」；「三十八年，開《四庫全書》館，紀昀為總纂；書成，升遷禮部尚書」。[9]

　　正史《隋書‧經籍志》是史上首次將歷代古籍分成經、史、子、集四部；唯至清乾隆時，在四「部」下，更分有「類」、「屬」，達致圖書文獻目錄之最高峰；因比較仔細周延而得到認同共識，成為知識分子等大多數人所接受的圖書分類。

　　依照皇六子永瑢〈奉勅編纂四庫全書告成謹奉表上〉，可知《欽定四庫全書》歷任正總裁官有皇六子永瑢、皇

生，《航在古運河上》，頁 20，〈杭州水佳茶亦佳〉；頁 91，
　〈人間第二惠山泉〉；頁 129，〈中泠天下第一泉〉。
9　《清史稿》，〈高宗本紀五〉；〈紀昀傳〉。

八子永璇、皇十一子永瑆、大學士劉統勳、阿桂等；歷任副總裁官劉墉、王杰等；總纂官紀昀、陸錫熊；編纂朱筠、翁方綱、邵晉涵、戴震（字東原）、姚鼐（字姬傳）、尹壯圖、陸費墀、方維甸、王念孫等。[10]

　　四十七年春正月後，又繼續謄抄繕寫而成七部，分藏於：（一）、北京故宮內文淵閣（1949 年，國民政府運來臺灣，今存士林外雙溪故宮博物院），（二）、北京皇家別宮圓明園文源閣，（三）、盛京瀋陽故宮文溯閣，（四）、承德皇帝行宮避暑山莊文津閣（現存北京圖書館）；因皇帝南巡，以江南蘇、浙乃人文薈萃，文化發達之地，乃下諭之後分置；（五）、江蘇鎮江文宗閣，（六）、江蘇揚州文匯閣，（七）、浙江杭州文瀾閣。

　　其中，前四部稱之「北四部」；後三部稱為「南三部」。

　　而以上七部，歷經時移變亂滄桑，現僅存文淵、文溯、文津、文瀾閣四部，且以現在存留臺灣的文淵閣原本，為公認最好的《四庫全書》版本。另三部的鎮江文宗閣、揚州文匯閣及圓明園文源閣《四庫全書》，不幸燬於太平天國兵亂、英法聯軍入侵兵火及八國聯軍的擄掠搶奪。

　　《四庫全書》總編纂紀昀（字曉嵐，1724－1805），

---

10 臺灣商務印書館，《文淵閣四庫全書》，永瑢等上表。

因勤學博識，詼諧聰慧，甚為乾隆皇上賞識恩寵，《四庫全書》纂修成，升任禮部尚書、大學士。

他學識淵博，開朗幽默，被稱為「第一才子」；於是，流傳許多關於他的有趣故事：

（一）當時直隸宮內太監多羨慕他是皇上近臣，金榜題名飽學之士，就有太監出以上聯「榜上三元解（元）會（元）狀（元）」請他聯對；紀曉嵐不假思索，即對「人間四季夏秋冬」。太監問：人間四季，怎麼沒有「春」？曉嵐笑回：哈哈！你心裡最清楚！何以沒有「春」宵一刻值千金。

（二）某次陪皇帝南巡，走出故宮，皇上看見有兩家當舖，就出上聯「東當舖，西當舖，東西當舖當東西」，要紀卿對聯；曉嵐想到北京有通州，而南巡揚州、蘇州附近也有通州（今江蘇南通），於是上對「北通州，南通州，南北通州通南北」，皇上稱喜。

（三）某年冬月某一天，北京和珅府上宴會。和府大門三警衛見大雪紛飛景象，因學養有限，三人各言：「一片兩片三四片」，「五片六片七八片」，「九片十片片片飛」，旋即停住，對不上；紀大學士恰巧來到，即對「飛入蘆葦（白色）都不見」，旁人感佩稱讚有加。

（四）、自北京南巡來到江寧（南京），知縣袁枚（子才）接駕，皇上說：人稱「南袁北紀」，那就請袁卿、紀卿兩位在朕面前聯對一下取樂。袁枚稱是！上聯「我江南，多山多水多才子」；紀曉嵐即對「俺河北，

一天一地一聖王」，皇上哈哈大樂不已！連誇兩位臣下才氣。

　　民國六十八年（1979）春，為國人所尊崇的大出版家，臺灣商務印書館的董事長王雲五（岫廬）先生（1888－1979），決意要與故宮博物院合作影印全套（1500冊）的文淵閣四庫全書。同年八月，岫老辭世，享壽九十二歲。於是，由張總經理連生接下這個文化重擔任務，「皇天不負苦心人」，以約三年時間，就完成此神聖文獻影印圖書使命，令人感佩，對於中華文化及後學士子，有極大的貢獻。

　　臺灣商務決定影印之初，時任士林外雙溪東吳大學的校長端木愷（鑄秋）先生（1903－1987），經由當時東吳中文系系主任劉兆祐教授的專業報告，即俞允購置一套。由於端木校長乃法界、政界、學界大老學者，與王岫老有極長久深遠的隆誼交情，於是用最優惠的價格預購一部。後來，《四庫全書》出齊印好，故宮博物院送給嚴前總統家淦先生一部，嚴前總統因與端木校長也有深誼，就轉送給東吳大學。所以，在今東吳大學總圖書館的四樓（參考室）與五樓（嚴前總統暨端木前校長贈書專門收藏研究室）各有一套《文淵閣四庫全書》影印本；亦即，東吳大學應是全臺唯一擁有收藏兩部《四庫全書》影印珍本的大學。

　　《欽定四庫全書》分為經、史、子、集四部，故名；部之下，分有類，類下又有屬。

「經部」

有易類（如王弼，《周易註疏》）。書類（如閻若璩，《尚書古文疏證》）。詩類（如孔穎達，《毛（亨）詩注疏》）。禮類（如孔穎達，《禮記注疏》）。春秋類，（如左丘明《春秋左傳》；公羊高《春秋公羊傳》；穀梁赤《春秋穀梁傳》）。四書類（如朱熹，《四書章句集注》）等。

「史部」

有正史類（二十四史）。編年類（如司馬光《資治通鑑》）。紀事本末類（如袁樞《通鑑紀事本末》）。地理類（如《徐霞客遊記》）。政書類（如杜佑《通典》）。目錄類（如晁公武《郡齋讀書志》；陳振孫《直齋書錄解題》）。史評類（如劉知幾《史通》，浦起龍《史通通釋》）。

「子部」

有儒、道、法、釋、醫家類等。

如韓非《韓非子》。呂不韋《呂氏春秋》。王冰《黃帝內經·素問》。孫思邈《備急千金要方》。陳自行《婦人大全良方》。李時珍《本草綱目》。陸羽《茶經》等。

「集部」

有別集類、詩類、詞類等。

如《陶淵明集》。《昭明太子集》。《李太白文集》。《杜（甫）工部詩集》。《王（維）右丞集》。《白（居易）香山詩集》。《范（仲淹）文正集》。《（蘇）東

坡全集》。《東坡詞》。《（李清照）漱玉詞》等。

　　《清史稿》論曰：

　　　　高宗勵精圖治，開疆拓宇，揆文奮武，於斯為盛。
　　　　享祚之久，同符聖祖，而壽考則逾之。自三代以
　　　　後，未嘗有也。惟耄期倦勤，蔽於權倖〔和珅〕。
　　　　上累日月之明，為之歎息焉。

主要參考書目

王壽南，《武則天傳》，台灣商務，2013 年。

王壽南，《中國歷代創業帝王》，廣西師大，2007 年。

王夫之，《宋論》，洪氏，1988 年。

王夫之，《讀通鑑論》，里仁書局，1985 年。

司馬光，《資治通鑑》，中新書局，1978 年。

司馬光，《涑水記聞》，（北京）中華，2017 年。

朱鴻，《明成祖與永樂政治》，台師大史研所，1988 年。

安作璋、劉德增，《漢武帝大傳》，（北京）中華書局，
　　2005 年。

杜建民，《中國歷代帝王世系年表》，（濟南）齊魯出
　　版社，1995 年。

吳晗，《朱元璋大傳》，遠流出版社，1991 年。

吳晗，《朱元璋傳》，里仁書局，2000 年。

李燾，《續資治通鑑長編》（北京）中華，2004 年。

李治亭，《吳三桂大傳》（南京）江蘇教育出版社，
　　2005 年。

李宗侗，《中國史學史》，文化大學，1991 年。

（清）谷應泰，《明史紀事本末》，三民書局，1969 年。

《明太宗（成祖）實錄》。

金靜庵，《中國史學史》，鼎文書局，1998 年。

周遠廉，《清高宗弘曆：十全武功四庫書》，萬卷樓，
　　2000 年。

孟森，《明清史講義》，里仁書局，1982 年。

芮和蒸，〈論宋太祖之創業開國〉，《政大學報》，18
　　期。

（南宋）袁樞，《通鑑紀事本末》，（北京）中華書局，
　　1986 年。

（明）馬歡，《瀛海勝覽》，台灣商務，1962 年。

（清）昭槤，《嘯亭雜錄》，（北京）中華書局，1997 年。

（清）高晉，《南巡盛典》，文海，1966 年。

唐文基、羅慶泗，《乾隆傳》，台灣商務，1997 年。

高明士、甘懷真等，《隋唐五代史》，里仁書局，2006
　　年。

《清聖祖實錄》、《清高宗實錄》。

張其昀，《中華五千年史・西漢史》，文化大學，1982 年。

張玉法總校訂，《中國歷史名君（名臣名將）評傳》，
　　萬象，1993 年。

陶晉生、黃寬重、劉靜貞，《宋史》，空中大學，2004 年。

莊吉發，《清高宗十全武功研究》，故宮博物院，1982 年。

郭伯恭，《永樂大典考》，台灣商務，1967 年。

郭伯恭，《四庫全書纂修考》，嶽麓書社，2010 年。

許道勳、趙克堯，《唐玄宗傳》，台灣商務，1992 年。

許道勳注譯，（唐）吳競著，《新譯貞觀政要》，三民
　　書局，2000 年。

商傳，《永樂大帝》，國際村文庫，1994 年。

（明）陳邦瞻，《宋史紀事本末》，（北京）中華書局，
　　2015 年。

陳捷先，《明清史》，三民書局，1990 年。

陳捷先、王曾才等，《中國通史》，空中大學，1984 年。

陳文德，《劉邦大傳》，遠流出版社，2005 年。

（明）費信，《星槎勝覽》，台灣商務，1962 年。

華世出版社，《中國歷史大事年表》，1986 年。

黃兆強，《趙翼廿二史劄記研究》，學生書局，1994 年。

雷敦淵、楊士朋，《用年表讀通中國歷史》，商周，2022
　　年。

雷家驥，《武則天傳》，（北京）人民出版社，2001 年。

楊子忱、李建良、宋益三，《紀曉嵐全傳》，國際村文
　　庫，1995 年。

鼎文出版社，《史記》、《漢書》、《舊唐書》、《(新)
　　唐書》、《宋史》、《明史》'《清史稿》。

趙克堯、許道勳，《唐太宗傳》，台灣商務，1992 年。

（清）趙翼，《皇朝武功紀盛》，鳳凰出版社，2009 年。

（清）趙翼，《廿二史劄記》，王樹民校證，（北京）
　　中華，2001 年。

（明末清初）談遷，《國榷》。鼎文書局，1978 年。

劉靜貞，《北宋前期皇帝和他們的權力》，稻香出版社，

1996 年。

台灣商務，《文淵閣四庫全書》，1986 年。

賴福順，《乾隆重要戰爭之軍需研究》，故宮博物院，
1984 年。

閻崇年，《康熙大帝》，聯經出版公司，2009 年。

錢穆，《國史大綱》，台灣商務，1999 年，修訂三版。

蕭一山，《清代通史》（上、中卷），台灣商務，1962
年。

魏源，《聖武記》，世界書局，1962 年。

顧力仁，《永樂大典及其輯佚書研究》，文史哲出版社，
1985 年。